예수는
행복의 마스터

저자 김 신 웅 목사

도서출판 카리타스

예수는 행복의 마스터

발행 2023년 9월 15일
지은이 김신웅
펴낸이 박수정
발행처 도서출판 카리타스
등록번호 제 3-144호
주소 부산광역시 동구 중앙대로 298
전화 051)462-5495
ISBN 978-89-97087-71-6

예수는
행복의 마스터

저자 김 신 웅 목사

사람들은 행복의 정의를 여러 가지로 말한다.

과학자요 철학자인 파스칼은 세상에는 행복론에 세 부류의 사람이 있다고 했다.

첫째 부류의 사람은 행복이 무엇인지 전혀 모르는 사람.

둘째 부류의 사람은 행복을 찾아 누리는 사람.

셋째 부류의 사람은 행복을 일평생 찾아 헤매다가 생을 마치는 사람이 있다고 했다.

사람이 태어나서 짧은 생애를 보내며 인생은 행복했다고 말할 사람이 얼마나 될까? 대체로 일반인들은 행복의 가치를 세상 환경이나 재물이나 명예에 기준을 두며 찾으려고 한다. 이것은 행복의 번지수가 틀렸다고 말할 수밖에 없다. 그래서 세상 것으로 나는 진정 행복했다고 말하는 사람이 없다.

필자가 말하고 싶은 것은 인생이 예수님과의 관계에서 진정한 믿음 생활로 행복의 가치를 발견하고 행복을 누리는 것이다.

필자는 세상의 행복론을 말하기보다 예수님 믿음 관계에서 행복해져야 함을 말하고 싶다.

파스칼이 말한 대로 예수 안에서 행복을 누리는 사람들도 있지만 믿음 생활한다고 하면서도 행복의 가치도 모르며 누리지 못하는 사람들이 있다.

교인 중에 교회를 다닌다고 하여 믿음 생활을 잘하며 또 교회 직분이 높다 하여(목사, 장로, 권사, 안수집사 등) 믿음 생활을 정상으로 하며 역시 모태 교인이며 교회에 오래 다녔다 하여 예수님과 관계적인 믿음의 질적인 신앙생활을 하는가, 교회를 같이 다녀도 그 신앙의 본질과 종류는 다양하다.

전도자 바울은 고린도 2장~3장에서 교인의 종류를 말하고 있다. 육의 사람(고전 3:1) 육신의 사람, 신령한 사람(고전 2:14) 육의 사람은 하나님과 관계없는 사람. 육신의 사람은 하나님의 신과 부분적인 희미한 관계. 신령한 사람은 예수님과 믿음의 관계가 있는 것을 평가하고 있다.

그리고 예수님도 마태복음 13장에서 사람들의 신앙 수준을 분류하고 (돌짝밭, 길가 밭, 가시밭, 옥토 밭) 있다.

교회 생활을 하는 교인 중에 육의 교인, 육신의 교인, 돌짝밭과 같은 교인, 길가 밭, 가시밭과 같은 교인이 즉 목사나 장로나 권사가 올바른 믿음 생활을 하며 행복한 인생을 산다고 말할 수 있겠는가. 인생은 어떤 경우에서든지 예수님과 관계적인 믿음에서 그 인생은 행복한 것이다.

다시 말하지만, 인생이 그 무엇에서도 행복을 찾을 수도 없고 누리지 못하지만 진정한 믿음 안에 인생이 행복해지는 것을 말할 수 있다. 인생은 예수님과 관계의 믿음에서 행복을 찾을 수 있다고 본다.

앞에서 말했지만, 세상 그 무엇이 나에게 진정한 행복을 주었다고 말할 수 있겠는가? 인류에게 행복을 주실 대상은 하나님 즉 예수님뿐이시다. 예수님은 인간의 한계점을 청산하시며(죽음과 죄문제) 또 승리와 축복을 주시는 분이다. 그러나 인생 중에 하나님이 축복의 근원 자로 알지 못하고 믿지도 아니할뿐더러 오히려 배척하며 또 인생들은 행복의 근원 되시는 예수를 대환영하여야 할 것인데 반대로 2천 년 역사 가운데서 그를 멸시하며 배척하기만 했다. 즉 세속주의가 예수님을 배척했고 어떤 형식주의가 예수를 배척했으며 또 알량한 지식 즉 과학이 예수를 대적하기도 했다.

복음을 일찍 받아드렸던 유럽이 18세기경 지식이다 과학이다 하여 하나님의 말씀인 성경을 박멸(迫滅)하자는 지성인들이 모여 대책회의를 열기도 했다.

그들은 지금 과학 시대 전설과 같은 성경을 내세우며 따를 수 있느냐고 성경 박멸 운동을 벌이기도 했다. 그 후에 세계 1차 2차 전쟁이 일어나 약 5천만 명이 사망하게 되었다.

그것도 기독교 나라들끼리 총부리를 겨누게 되었다.

그 후에 실존주의 철학이 등장하면서 양 실존주의 한 실존주의는 무신론 주의 이론 소위 니체 철학 하나님은 죽었다. 신학교마다 좌경화되어 오늘까지 유럽 신학이 좌경으로 흘러가고 있다.

쇼펜하우어 같은 철학자는 사람은 죽기 위해 태어나니 빨리 죽는 것이 행복이라는 학술로 젊은이들이 많이 자살하는 결과를 낳기도 했다.

한편 실존주의 철학은 유일신론적 철학으로 하나님을 따라가는 보수주의 신앙론자들이다.(덴마크 키케로케이)

맺는말로 복의 근원과 행복의 근원 자를 박해하고 대적하므로 인생들은 오히려 불행을 자초한 것이다. 인생 문제 해결자는 예수님께만 있는 것이다. 인생은 예수 안에서 행복을 만들어 가는 것이다.

저자는 본 저서에서 예수로 말미암아 행복의 본질과 근거를 또 방법을 나타내고자 한다.

또 책을 저술하는 이유는 자녀들에게나 후손들에게 신앙교육의 자료를 남기고 싶어서이다.

저자 김신웅 목사

| 목차 |

제1부

제 1장   자기 자신이 하나님 안에서 출처 된 것을 확신하고
         사는 사람이 행복하다.   • 13

제 2장   예수가 구원의 조건으로 믿는 사람이 행복하다.   • 23

제 3장   예수가 구세주로 믿어지는 사람이 행복하다.   • 30

제 4장   예수 때문에 자신이 하나님의 자녀인 것을
         분명히 인지하는 사람이 행복하다.   • 40

제 5장   예수님을 자기의 보배로 삼는 자는 행복하다.   • 69

제 6장   예수 안에서 자기 자신이 사랑받는 대상으로
         인지하는 사람이 행복하다.   • 78

제 7장   예수님이 자기 인생에 꼭 필요로 한
         사람은 행복하다.   • 86

제 8장　성령의 역할은 성도의 삶의 응용과 구원얻게 하는
　　　　것을 아는 사람이 행복하다.　　　　　　　　　　• 95

제 9장　하나님 존재의 나타나심을 체험하고 누리는
　　　　사람이 행복하다.　　　　　　　　　　　　　　• 103

제 10장　예수 이름으로 적극적 기도의 삶을 사는
　　　　　사람이 행복하다.　　　　　　　　　　　　　• 113

제 11장　예수 안에서 긍정적인 삶을 사는 사람이 행복하다.　• 125

제 12장　예수 안에서 화평을 도모하며 만들어 가는
　　　　　사람이 행복하다.　　　　　　　　　　　　　• 134

제 13장　예수로 감사의 삶을 사는 사람이 행복하다.　　　• 144

제 14장　예수로 말미암아 소망의 인생 열차를 탄
　　　　　사람이 행복하다.　　　　　　　　　　　　　• 154

제2부

제 1장 기독교 바른 신앙을 알고 믿음을 가지자　　　　• 167
제 2장 은사론의 바른 이해　　　　　　　　　　　　　• 180
제 3장 기독교 안에 질문된 상황들의 답변　　　　　　• 187

- 제 1 부 -

제 1장

자기 자신이 하나님 안에서 출처 된 것을 확신하고 사는 사람이 행복하다.

사람의 가치의 근본적인 본질은 출처에 있다고 본다. 많은 사람이 자기의 진정한 출처를 모르거나 바른 출처에 확립하지 못하고 있다.

그래서 인생들이 나는 누구냐 나는 어디에서 왔으며 나는 어떤 존재인가, 나는 또 어디로 가는가, 자기의 존재 가치를 느끼지 못하고 회의를 느끼게 된다. 우울한 인생, 세상 적으로 먹고 마시는 염려, 실패의 좌절보다 나는 어디에서 왔는가하는 회의가 더 심각한 불안이 되는 것이다.

세상에는 잘못된 출처 관도 있고 바른 출처 관도 있다. 누구라도 바른 출처 관이 확립된 사람이라면 행복을 노래할 수 있는 사람이다.

반대로 자기 인생의 잘못된 출처 관을 가지고 있다면 행복할 수 없다고 본다. 이를테면 미생물이 진화되어 즉 원숭이가 사람이 되었다는 출처에 근거하고 있다면 자기 출처의 확실성이 희미한 것이다. 이것은 진화론 학문에 불과한 것이다. 진화론 학문이 확실하지도 아니한데 자신이 이 학문에 근거를 가졌는데 행복할 수 있겠는가.

또 불교식 윤회설을 출처로 생각하면 여기에 행복한 출처가 되겠는가.

이를테면 사람이 세상에서 잘못 살면 죽어서 짐승으로 개나 소나 뱀이나 돼지로 환생 되기도 하고 반대로 짐승이 사람으로 환생이 된다는 종교적 철학인데 여기서 인생의 행복감을 가지겠는가….

또 다른 미신으로 삼신할머니나 칠성님이 아이를 점지하여 태어나게 하는 출처라 하니 이것은 어디까지나 미신이다. 이렇듯 자기 출처가 불분명하면 행복할 수 없는 것이다. 그러나 인생에 참 출처는 분명하게 있다. 여기에 자기 출처를 확립하면 분명히 행복한 것이다.

사람의 가치의 출처는 곧 하나님께 있다. 사람의 가치의 본질도 하나님께 있다.

누구라도 자기의 출처를 하나님께 두는 사람은 행복하게 된다.

사람은 하나님의 본질의 DNA를 물려받았다. 예를 들면 선한 양심적 요소(종교적 성향) 도덕성 등 하나님의 좋은 본질적 성향을 이미 받게 되었다.

하나님의 선하심, 신적인 능력, 거룩성, 사랑과 자비성 등이다.

인생의 출처가 하나님께 있어 출생적 근거로 하나님이 우리를 낳았다. 그래서 하나님이 인생의 아버지가 된 것이다.(말 1:6) 하나님께 출처 근거가 되지 아니했다면 사람이 많은 돈과 재물을 가져도 또 명예와 권세를 가져도 만족이 없고 여전히 허전하며 우울감을 가지기도 한다.

파스칼은 말하기를 사람은 행복하기 어렵다고 했다.

사람은 누구나 가슴속에 공백이 있는데 이 공백은 세상 그 무엇으로도 채울 수가 없다고 했다.

인생이 세상에서 공허하고 불안하고 그리움이 있는가, 그것은 인생은 누구나 본질적인 출처 즉 바른 고향 출처를 떠나 있기 때문이다.

사람에게는 세 가지 고향이 있다. 그중 하나가 사물적인 고향 고국을 떠난 외국인과 또 태어난 마을을 떠나 있는 나그네 등이다.

다음은 쉽게 말하면 어머니 품 안 안태봉을 말한다.

세 번째는 영적인 고향 하나님의 품 안이다. 육신의 몸은 어머님의 태로부터 태어났지만, 영혼은 하나님으로 태어났기 때문이다(창 2:7, 1:28) 영혼이 태어난 곳을 떠나 있으면 세상 것이 아무리 좋고 많은 것을 채워준다고 하여도 인생의 공허함을 채울 수 없고, 만족하게 해줄 수는 없는 것이다. 많은 사람이 근본적인 출처를 떠나 있으므로 행복이 없는 것이다.

그러면 인간의 바른 출처 근거의 행동은 어떤 것인가? 그 근거는 진리이신 하나님이시다.

야고보서 1장 18절에 그가 그 피조물 중에 우리로 한 첫 열매가 되게 하시려고 자기의 뜻을 따라 진리의 말씀으로 우리를 낳으셨느니라 하셨다.

그다음은 신적인 그 근거 자체이다. 벧후 1장 3절 "그의 신기한 능력으로 생명과 경건에 속한 모든 것을 우리에게 주셨으니" 라고 했다. 창세기 2장 7절 "여호와 하나님이 흙으로 사람을 지으시고 생기를 그 코에 불어 넣으시니 사람이 생명이 된 지라" 했다.

앞에서 말한 바와 같이 육은 흙으로 말미암았지만, 사람은 다른 동물과 달라서 신적인 흔적 즉 영혼을 가지고 있다. 그래서 사람의 속성 영혼의 사람이 세상 것을 찾는 것이 아니고 영혼의 본질 자기의 영혼의 출처인 하나님을 찾고 신의 본질이신 하나님을 찾고 그 안에서 행복을 가지는 것이다. 다시 말하지만, 사람은 신적인 흔적을 가지고 있다. 그러므로 영혼의 욕구가 있고 종교적 행위를 하게 되는 것이다.

그다음 하나님의 출처 근거는 하나님을 닮았다는 것이다. 인간의 본질에는 하나님의 닮음을 근거하고 있다. 사람에게는 하나님의 모양을 가지고 있다는 것을 창세기 1장 27절에 '하나님이 자기 형상 곧 하나님의 형상대로 사람을 창조하시되'라고 하셨다.

그것은 인간이 하나님의 DNA를 가졌다는 것이다.

그것은 자식이 부모를 닮듯이 인간은 하나님을 닮은 것이다.(약 3:9)

또 출처의 근거는 영적인 용어로 인간이 그 얼굴을 하나님을 향하여 든다는 것이다.

다시 말하면 사람이 그 마음에 얼굴을 들어 하나님의 얼굴을 찾아든다는 것이다. (민 6:25~26)

인간은 본질적인 깊은 내면에 하나님의 얼굴을 찾는 것이다. 이것이 인간의 진정한 출처가 하나님께 있다는 것이다. 그러므로 자기 인생 출처를 바르게 확립한 자가 행복을 이루는 것이다. 자기 인생 출처를 바르게 확립하는 것이 곧 행복의 본질이 되는 것이다.

고아원을 경영하는 분들의 말을 빌리면 원아들에게 아무리 영양가 있고 맛이 있는 음식으로 잘 먹여도 아이들이 얼굴이 밝거나 윤기가 없고, 또 좋은 환경을 주어 놀게 해도 아이들이 행복해 보이지 않는다는 것이다. 이유는 꼭 필요한 만족은 자기를 낳아준 어머니라는 것이다.

사람에게 남모르는 외로움과 고민은 고향을 잃은 것이다. 고향을 지적에 두고 가보지 못하는 사람, 어릴 때 어머니와 헤어진 사람, 또 한 부류의 사람은 영적으로 고향 잃은 사람 즉 하나님과 이별해 있는 사람이다.

사람은 그 영혼이 하나님과 관계된 사람, 즉 인생 출처에 바르게 확립된 사람이 행복한 사람이다.

인간은 본래 하나님으로 말미암았고 하나님께로 태어났지만, 인간 시조 아담이 범죄하므로 인생은 하나님과 멀어진 고아와 같은 존재가 되었다.

그러나 인생이 바른 출처를 회복하는 길을 열어놓았다. 그것이 바로 예수 그리스도이시다.

요한복음 14장 6절에 예수께서 이르시되 나는 길이요 진리요 생명이니 나로 말미암지 않고는 아버지께로 올 자가 없다고 하셨다.

예수 그리스도 그분 자신이 우리 인생의 바른 출처의 본질이요 기능이 되신다.

그러므로 예수님을 마음에 모시거나 의지하여 관계되었다면 자기 출처가 회복되고 바른 출처의 기능을 가진 것이다. "영접하는 자 그 이름을 믿는 자에게 하나님의 자녀 되는 권세를 주셨느니라" 하셨다.

이것은 신화적 구전적인 것이 아니고 혹 인문학적 문화가 아니라 이는 사실적 기능적 혁명적 능력의 현실이다.

예수를 영접하여 모시면 하나님의 자녀 즉 바른 출처로 하나님 자녀의 권세를 가진다고 하셨다. 사람 육체의 구조에는 장기가 각 위치에 자리 잡고 있지만, 또한 사람에게 영적인 세계에는 빈 공간이 마련되어 있다고 본다. 그 공간에 그 인간의 주인이 계실 자리인데 곧 하나님이시다.

철학자 파스칼은 사람의 공허한 공간에 속죄 주 예수 그리스도께서 계실 때 인간은 행복하다고 했다.

그다음 바른 출처는 진리의 도(道) 즉 하나님의 말씀에 있는 것이다.

야고보서 1장 21절 下 "너희 영혼을 능히 구원할 바 마음에 심긴 도(道)를 온유함으로 받으라" 했다. 다시 말하면 사람의 영혼을 구원하는 말씀에 근거를 두라는 것이다. 하나님의 말씀을 받아들이고 의지하는 자를 구원하는 것이다.

"하나님의 말씀이 능히 너로 하여금 그리스도 예수 안에 있는 믿음으로 말미암아 구원에 이르는 지혜가 있느니라"(딤후 3:15) 했다.

역시 성령이 내재(內在)하는 그 마음에 있는 자가 바른 출처에 근거한 것이다.

디도서 3장 5절에 "우리를 구원하시되 우리 행하는 바 의로운 행위로 말미암지 아니하고 오직 그의 긍휼하심을 따라 중생의 씻음과 성령의 새롭게 하심으로 하셨나니" 하셨다.

우리 사람의 영혼이 하나님의 영 즉 성령의 영혼에 근거해 있다면 행복한 인생이요 행복한 영이 된다. 그래서 다윗은 행복의 근거가 성령에 있음을 알고 "하나님이여 나에게 성령을 거두지 말게 하옵소서" 했다.(시 51편 11절)

그리고 바울은 하나님의 자녀가 되며 상속 즉 기업을 얻게 되는 것을 말하고 있다.

로마서 8장 16~17절 "성령이 우리 영과 더불어 우리가 하나님의 자녀인 것을 증언하시나니 자녀이면 또 상속자 곧 하나님의 상속자요 그리스도와 함께한 상속자니 우리가 그와 함께 영광을 받기 위하여 고난도 함께 받아야 할 것이니라" 했다.

사람들은 인생 출처를 어디에 두었느냐에 따라 그 인생 가치관이 다르고 삶의 방식이 다르며 그 삶의 열매가 다르게 나타나는 것이다.

많은 사람이 자기 인생의 가치도 모르고 삶의 방향도 불확실하여 등불 없는 초행 밤길을 걷는 것과 같은 것이다. 이러한 인생들에게 행복이 있다고 말할 수 없다.

행복의 기능을 활용하여 행복을 만들어 행복을 누리는 자들이 되어야 한다.

행복은 오색 무지개를 타고 오는 것은 아니다. 역시 먼 곳에서 황금마차를 타고 하늘에서 내려오는 것도 역시 아니다. 행복은 아주 가까운 곳에 있는 것이다.

사람이 아무리 부귀영화를 많이 가지고 누린다고 하여도 바른 출처의 확립과 자기 인생의 가치회복이 되어 있지 않는다면 행복할 수 없는 것이다.

자기의 바른 출처와 가치관의 확립은 세상 인문학적인 철학에 있는 것이 아니며 또 어떤 요행이나 어떤 기술이나 보물을 소유했거나 어떤 문제나 지식이나 그리고 어떤 종교의식에 있는 것 역시 아니다. 다만 진리의 말씀을 인지하고 인식하며 받아들이는 것이다.

이를테면 창세기 1장 27절과 2장 7절과 전도서 12장 7절을 인정하고 내가 인식하고 믿고 받아들이는 것이다.

또 요한복음 1장 12절 말씀대로 내가 받아들이고 믿으면 내 출처를 바로 알게 되면서 내 가치는 하나님의 자녀가 되며 그래서 하나님을 아바 아버지라 부르게 된다.(롬 8:15) 그리고 하늘의 상속도 받게 된다.(롬 8:17)

이런 사람에게는 세상을 살아가는 한순간의 실패도 있을 수 있고 박해가 있을 수 있어도 낙심하지 아니하고 실패에 이상 가는 보상을 줄 것인데 그것을 바라고 나갈 때 채워주실 것을 바라보게 된다. 혹 죽음이 닥쳐와도 그 죽음이 불안이 되고 절망이 되는 것이 아니다.

사람이 이 세상에 왔다가 다 죽는데 죽음을 받아들이는 태도가 다 다르다고 본다. 일반적으로 많은 사람이 죽음을 두려움의 대상 절망의 대상으로 대하고 있다. 그 이유는 그 죽음 자체의 무서운 사자가 동반하고 있기 때문이다.(히 2:14~15) 그다음은 형벌이 따르기 때문이다.(히 9:27) 역시 그다음은 가는 데가 분명하지 아니하기 때문이다.

마지막으로는 이 세상과 이별하기 때문에 죽음 자체가 반갑지 아니하고 공포의 대상이 되는 것이다. 더 두렵고 공포의 대상은 죽음 임종 시 죽음의 사자 즉 저승사자가 찾아온다는 거다.

사람이 세상을 살아가면서 실패도 하고 잃어버리기도 하여 절망도 하고 상심이 클 수 있지만, 그 어느 것보다 큰 절망은 자기 앞에 다가오는 죽음의 염려 혹 임박 해서의 죽음에 대한 절망감은 세상 그 어느 것도 비교할 수 없는 것이다.

사람이 바른 출발지도 모르고 바른 목적도 모른다면 이 사람은 행복할 수 없는 것이다.

또 한 부류의 죽음은 소수이지만 예수님을 자기 인생 출처로 삼고 예수 안에 즉 그 사랑에 기인한 사람 또 성령님의 의지 속에 죽는 사람은 죽음 세력에서 놓임이 되는 죽음이다.

히브리서 2장 14~15절에 "자녀들은 혈과 육에 속하였으매 그도 또한 같은 모양으로 혈과 육을 함께 지니심은 죽음을 통하여 죽음의 세력을 잡은 자 곧 마귀를 멸하시며 또 죽기를 무서워하므로 한

평생 매여 종노릇 하는 모든 자들을 놓아주려 하심이니" 했다.

예수 안에 죽는 사람에게는 죽는 순간 죽음의 사자 즉 마귀를 대적하며 천사들이 신자의 영혼을 옹위하고 보호하여 천국으로 인도하게 된다. 그 증거가 사도행전 7장 56~59절에

"말하되 보라 하늘이 열리고 인자가 하나님 우편에 서신 것을 보라 그들이 돌로 스데반을 치니 스데반이 부르짖어 이르되 주 예수여 내 영혼을 받으시옵소서" 하였다.

꼭 스데반 집사만이 죽을 때에 죽음이 두렵지 아니하고 영광중에서 기쁨의 죽음을 맞이한 것이 아니다. 많은 사람이 두려움의 죽음이 아니라 영광의 죽음을 맞이하고 행복한 죽음을 맞이한 것을 보게 된다.

감리교 창시자 존 웨슬리는 그가 마지막 죽은 순간 땅이 물러가고 하늘 문이 열리는구나 기쁘다 기쁘다 하며 죽음을 맞이하게 되었다. 부흥사 디엘 무디나 화이트 같은 사람 등 같은 증거를 보였다.

프랑스의 무신론 철학자 끼본 같은 사람은 하나님을 부인하고 천국을 부인하며 살다가 막상 끝까지 회개하지 못하고 죽음을 맞이하면서 외친 말이 내 앞길이 캄캄하구나! 지옥이 없다 하였는데 지옥이 있구나! 나는 지옥 간다고 하였다.

예수 안에 죽음을 맞이하는 사람은 이와 같지는 아니하다.

성도의 죽음의 첫째는 죽음의 세력 즉 마귀세력이 강하다 하여도 예수님 피 뿌림 아래 있는 성도의 영혼은 빼앗지 못한다.(히 2:16)

둘째는 성도의 영혼을 하나님은 귀중히 보신다. 시 116편 15절에 "여호와께서는 성도의 죽는 것을 귀중히 보시는도다" 하였다. 하나님은 성도의 영혼을 보장하시고 책임을 져주신다.

셋째는 성도에게 죽음 그 자체가 복인 것을 하나님은 말씀하신

다. 요한계시록 14장 13절

"또 내가 들으니 하늘에서 음성이 나서 이르되 기록하라 지금 이후로 주안에서 죽는 자들이 복이 있다" 라고 했다. 그것은 "수고를 그치고 쉬리니" 했다.

또 행복한 대로 상이 따르게 되는 것이다.

넷째 예수 안에 죽는 죽음은 완전 성화의 완성이요 영화를 입게 되는 것이다. 죽음의 과정은 영혼과 육체가 나뉘게 된다. 육체는 흙에서 왔으니 흙으로 가고(창 2:7) 영혼은 위로 하나님께로 가는 것이다.(전 12:7) 이것이 예수 안에 행복이 되는 것이다. 그리고 예수 믿는 사람들에게 영화로운 부활이 보장되어 소망이 되는 것이다.(고전 15:42~57)

아무튼, 일반인의 죽음과 예수 안에 죽음은 다른 것이다. 다시 말하면 자기 인생 출처가 하나님께 근거가 된 사람이다. 죽음 자체도 두렵지 아니하다는 것이다.

중복해서 언급하지만 자기 인생의 출처가 분명하면 자기 종말의 마지막 길도 보장되는 행복이 따르는 것이다.

제 2 장

예수가 구원의 조건으로
믿는 사람이 행복하다.

세상에는 종교도 많고 또 자칭 자기 자신이 인류의 구원자 즉 구세주라 하는 자들도 많다.

그러나 세상 그 누구도 구원자가 될만한 사람은 없다. 어떤 방법으로도 구원자가 되는 죄인이 되어(롬 3:10) 자기 자신도 죄에서 스스로 구원 얻을 수 없으면서 남을 구원하는 구세주가 된다는 것은 어불성설이다.

사람이 죄인이기 때문에 죽는 것이다. 사람이 죄인이기 때문에 죽음을 극복하지 못하는 것이다. 누구라도 자기 자신이 죽음을 이기지 못하면서 자신이 구세주가 될 수 있겠는가.

사람이 종교운동을 하지만 여기에서 구원의 조건을 갖추거나 또 구원자가 되는 것은 아니다. 참 구원의 조건 자는 이 세상에서 유일하게 한 분뿐이시다. 참인성과 참신성을 가지신 예수 그리스도 한 분뿐이시다. 이 사실을 깊이 인식하고 믿는 사람은 구원을 받게 되며 행복한 인생이 될 것이다.

세상에 많은 사람이 예수를 알고 구원의 조건 자로 알고 믿는 사람들은 그렇게 많은 것은 아니다.

사람이 구원 얻는 3대 요소가 신학적으로 표현된다.

제1번 요소는 지적인 요소이다. 즉 하나님과 주 예수의 아는 지식으로 믿는 믿음이다.

제2번은 감정적 요소이다. 이것은 자기 자신이 죄인인 것을 슬퍼하는 것(고후7:10). 또 감사의 감정을 들 수가 있다고 본다.

제3번은 의지적 요소이다. 이것은 하나님께 돌아가는 의지적 요소이다. 이 3대 요소를 다시 말하지만 구원적 요소로 표현하는 것이다. 그중에서도 하나님과 예수를 아는 지적인 요소가 중요하다.

예수님에 대한 구원적 요건은 첫 번째로 구약의 선지자들이 예수는 구세주인 것을 예언하셨다.(사 9:6~7) 어떻게 태어날 것을 예언하셨다.(마 1:18) 어떤 이유로 태어나며 어떻게 죽을 것으로 예언하셨다.(롬 4:25, 사 53:3~5)

둘째는 성령으로 태어난 것이 구세주의 조건이다.(마 1:21) 그래서 예수는 죄가 없으시다(요일 3:5, 히4:15)

예수는 성령으로 태어나 죄가 없기 때문에 구세주가 될 수 있었다.

셋째는 예수가 구세주의 조건이 되신 것은 몸을 입고 오신 것이 구세주의 조건이시다.

일부 이단 중에는 예수의 인성을 부인하기도 한다. 예수의 신성만 인정하여 예수의 부활도 신성으로 역시 재림도 신성만 인정하여 심지어 예수님이 재림을 했다 하기도 한다.

다시 말하지만 예수님은 완전 신성과 완전 인성이시다. 만일 예수님의 인성을 부인하면 성령님의 잉태도 부인이 되면서 또 구원자가 부인이 되는 것이다. 예수님이 행하신 핵심 중에서 즉 인류구원 사역 중에서 인성이 부인되거나 무시되면 인류구원 혜택이 없어지는 것이다.

다시 말하지만 예수님의 육신이 없으면 우리 인류의 구원은 진행되거나 이루어지지 못하는 것이다. 예수님의 인성 즉 육신이 오직 속죄 제물이 되신다. 예수님의 성육신이 우리 죄의 속죄 제물이 되는 것이다.

고린도후서 5장 21절에 "하나님이 죄를 알지 못하신 이를 우리를 대신하여 죄로 삼으신 것은 우리로 하여금 그 안에서 하나님 의가 되게 하려 함이니라" 했고, 디도서 2장 14절에 "그가 우리를 위하여 내어주심은 모든 불법에서 속량하시고 우리를 깨끗하게 하사" 했으며 성경 전반이 예수님이 우리를 죄에서 구원하시기 위하여 자기 몸이 제물이 된 것을 나타내고 있다.

요한복음 2장 29절에 이튿날 요한이 예수께서 자기에게 나오심을 보시고 이르되 세상 죄를 지고 가는 하나님의 어린양을 보라 하셨다. "그가 찔림은 우리의 허물을 인함이요 그가 상함은 우리의 죄악을 인함이라" 하셨다.(사 53:3)

예수님이 몸으로 십자가를 지시고 또 그 십자가에 달리시므로 우리 죄를 사하시는 속죄의 제물이 되신 것이다. 다시 말하지만 예수님의 육신의 몸이 없었다면 우리 죄를 사하는 구원의 조건이 되지 못했을 것이다.

허다한 사람들이 자칭 자기가 구원의 조건을 가졌다고 말하지만, 구원조건의 행위를 행하였는가? 남을 구원하는 십자가에 죽는 사람의 행위를 보였는가 자기가 구원자라 하면서 사랑의 행위보다 오히려 자기들이 요구하는 것이 무엇인가 바라는 행위를 보이는 것이다.

물론 구원하는 행위를 보인다 해도 속죄 자의 제물은 되지 못하는 것이다. 그것은 자신이 죄인이기 때문이다. 다만 오직 예수님만이 속죄의 제물이 될 수밖에 없는 것이다. 죄가 없으시기 때문이다. (요일 3:5)

넷째 구원자의 조건은 예수님이 죽음을 이기시고 부활하셨기 때문이다.

만일 예수님이 육신이 없었다면 죽음을 극복하는 부활 과정이 없을 것이다. 기독교에 예수님 몸이 없어서 부활 과정이 없었다면 다른 종교나 다를 바가 없다고 본다.

로마서 4장 25절 말씀처럼 예수님이 죽었다가 다시 살아나심이 우리를 죄에서 구원하시고 의롭다 하심의 증거가 되며 또 영원히 살며 우리도 부활하게 된다는 증거가 되는 것이다.

(요 12:24~25)

기독교의 부활은 엄청난 비밀을 가지고 있다. 고린도전서 15장 51절 말씀에 "보라 내가 너희에게 비밀을 말하노니 우리가 다 잠잘 것이 아니요 마지막 나팔 순식간에 홀연히 다 변화하리니" 했으며 52절 "나팔소리가 나면 죽은 자들이 썩지 아니할 것으로 다시 살아나고 우리도 변화되리라" 하셨다.

예수님의 부활로 사망과 죄를 이김이 되신 것이다.

"사망아 네 쏘는 것이 어디냐, 사망아 네 이기는 것이 무엇이냐"(고전 5:55)했다.

예수님의 부활은 어둠의 세상을 밝히는 빛이 되셨다. 예수님의 몸이 없어 부활하지 못했다면 기독교는 흑암에 있으면서 인류에게 빛이 되어주지 못했을 것이다.(요 20:19)

예수님이 몸이 없어 부활하지 못했다면 인류에게 자유를 주지 못했을 것이다. 하나님의 말씀이 진리가 되어 믿는 우리에게 자유

를 주실 뿐 아니라 사망 권세를 이기신 예수님이 우리에게 자유를 주신 것이다.(요 8:32)

역시 예수님의 부활은 우리 믿는 사람들에게 평강을 주신 것이다. 요한복음 20장 21절에 "예수께서 또 이르시도 너희에게 평강이 있을지어다" 하셨다.

예수님은 몸을 지니시고 부활하심으로 기독교 핵심이요 능력이 되신다.

다섯째, 예수님의 몸을 지니심은 천국이 있음을 더 확실하게 보여주고 있다.

사도행전 1장 9절에 "이 말씀을 마치시고 그들이 보는데 올려져 가시니 구름이 그를 가리어 보이지 않더라" 하셨다.

예수님은 몸으로 죽으시고 부활하셔서 사십 일 동안 땅 위에 머무시면서 동시에 오백여 명에게 보이시고 많은 사람이 보는 가운데 승천을 하신 것이다.

예수님의 산채로 승천하심은 천국이 있다는 것을 분명히 보이신 것이다.

예수님은 영혼 즉 신성만 천국 가신 것이 아니라 영과 육체가 천국을 가신 것이다.

엘리야는 산채로 승천하게 되었고 모세는 죽어서 천국을 가셨다. 구주 예수는 죽은 자 가운데서 다시 살아나셔서 승천하신 것이 천국이 있다는 것을 증명한 것이다.(마 17:4)

성경은 소설이 아니며 문학작품이 아닌 사실 증거이다. 천국은 가상이 아니고 예수님이 계신 곳이다.

여섯째 예수님이 몸을 입으신 것은 재림 약속의 증거이다. 이단 중에는 예수님의 인성을 부인하면서 신성을 내세워 예수님이 재림을 했다고 주장하고 있다.

마지막 때 속한 우리들은 아무 징조를 보지 못했다 해도 즉 체험하지 못했다 해도 한마디 성경 말씀이라도 인내하며 믿고 나가야 한다. 사도행전 1장 10절에 "올라가실 때에 제자들이 자세히 하늘을 쳐다보고 있는데 흰옷입은 두사람이 그들 곁에 서서 이르되 갈릴리 사람들아 어찌하여 서서 하늘을 쳐다보느냐 너희 가운데서 하늘로 올려지신 이 예수는 하늘로 가심을 본 그대로 오시리라하셨느니라"

예수님은 몸을 입고 승천하셨으니 재림도 몸을 입으시고 영광으로 오실 것을 약속하고 있다. 만일 예수님이 영으로 오시게 되면 아무 증거도 표면화되지 아니하실 것이다. 그러나 예수님은 몸을 입고 오시기 때문에 많은 증거와 많은 사람이 보는 가운데 나타나시게 될 것이다.(벧후 3:10~16)

예수님이 사람의 몸을 입으시고 구세주가 되신 것은 우리 삶의 모델이며 삶의 길을 인도하시며 우리 삶을 살피는 분이시다. 히브리서 4장 15절에 "우리에게 있는 대제사장은 우리의 연약함을 동정하지 못하실 이가 아니요 모든 일에 우리와 똑같이 시험을 받으신 이로되 죄는 없으시니라"하셨다. 때로는 긍휼을 받고 때를 따라 은혜를 받기도 한다.(히 4:16)

이처럼 예수님이 몸을 입으신 것이 죄인들을 죄에서 구원하시고 행복을 주신 것이다.

결론적으로 말하지만 구약성경에서나 신약성경에서나 예수님의 행하신 사실들이나 또 전반의 기적들이 예수님은 구세주의 조건을 완전히 갖추신 분이시다.

그래서 사람이 한 부분에서 구원을 채워가거나 이루어 가는 것이 아니라 예수님 자신이 완전하게 구원조건의 완성을 이루어 놓은 상태이다. 그런고로 인간의 구원성립은 예수를 인정하고 받아들이며 믿기만 하면 된다.(요 1:12, 롬 10:10)

예수님은 신분이나 그의 행적이 구원 조건이다. 그런고로 그를 믿고 의지하고 받아들이면 구원 얻을 뿐 아니라 예수는 행복의 열쇠가 되는 것이다.

제 3 장

예수가 구세주로 믿어지는 사람이 행복하다.

예수를 아무나 믿을 것 같은데 누구나 쉽게 믿는 것은 아니다. 일반적으로 생각할 때 세상 사람이 다 예수를 믿을 것 같은데 믿는 사람의 숫자가 그렇게 많지 못하다.

세계인구 몇 퍼센트가 예수 믿겠는가? 10%에 미치지 못한다.

우리나라 대한민국만 해도 지역 따라 퍼센티지의 차이가 있겠지만 부산을 비롯하여 경남 지역 등에서는 0.4%가 채 되지 않는다고 한다. 그것도 숫자에서 교회 다니는 정도에 있겠지만 진정으로 믿음의 삶을 사는 사람이 얼마나 될 것인가 정말 소수가 된다고 본다.

같은 교회를 다니면서도 교회 다니는 사람이 있고 예수를 믿는 사람이 있다. 아무튼 예수가 구주로 믿어지는 것이 복이요 행복이다.

다시 말하지만 예수가 믿어지고 진정으로 믿음 생활을 하는 사람들은 얼마나 큰 복이 되는가.

세상의 기준에서 예수 믿는 것이 손해를 보며 잃는 것이 많이 있다고 말할 수도 있겠지만 인생 전체에 있어서 플러스가 되는 것이 얼마나 많은지, 특별하게 죽음 넘어서 계산되는 플러스는 세상 그 무엇으로도 계산이 되지 않는다.

지옥과 천국의 갈림길에 있어서 예수를 믿어 천국에 입성 되었다 했을 때 내 인생에 예수 믿었다는 것이 큰 다행으로 여겨질 것이다.

과학자 파스칼의 그러한 일화가 있다. 그가 어느 분에게 강력한 예수 소개의 전도를 받았을 때 그가 전도자의 말을 한참 듣고 있더니 그에게 질문하였다. 나에게 3일이란 시간 여유를 준다면 3일 후에 이 장소에서 그때 믿든지 아니 믿든지 그때 결정을 하겠다고 하면서 헤어졌다. 그 후에 약속대로 3일 후에 다시 서로 만나 파스칼은 예수를 믿겠다고 답변을 했다. 그가 믿겠다고 답변을 한 것은 집에 돌아가서 3일 동안 계산을 하였을 때 예수 안 믿고 지옥 가는 것보다 예수 믿고 천국 가는 것은 당연히 플러스가 되고 그러면 믿음 생활을 하는 데는 얼마나 손해가 되는가 계산하니 손해되는 것이 없더라는 것이었다. 그래서 예수 믿기로 했다고 하였다.

철학자 파스칼의 계산이 맞는 것이다.

그렇다 하여 예수 믿는 길을 하나님이 좁게 하였는가? 아니다. 대표적인 말씀 디모데 전서 2장 4절에 하나님은 모든 사람이 구원받으며 진리를 아는데 이르기를 원하신다고 하셨다.

하나님은 많은 사람이 구원받기를 애타게 원하며 간절하게 기대하신다.

그래서 많은 전도인을 내세워 복음을 전하게 하시기도 하신다.

그런데 왜 예수 믿는 것을 반대하며 예수를 받아들이지 않는가, 여러 가지 이유를 들게 된다. 그러나 여러 가지 이유를 들지만 합당하거나 타당성이 희박하다.

첫째, 풍습을 받아드릴 수가 없어서 예수를 믿지 못하겠다 하여 예수 믿는 것을 거부한다.

예를 들면 조상에게 제사 지내는 것을 거부할 수가 없어서 예수 믿지 못하겠다고 한다.

처음부터 받아들이기 쉽지 않을 것이다. 그러나 진리가 인정되면 즉 믿음이 들어가면 세상 풍습은 끊게 될 것이다. 또 담배나 술을 먹는 것도 처음에는 끊기가 쉽지 않지만 역시 믿음이 자라게 되면 쉽게 끊게 될 것이다.

둘째는 세상 문화적 차이 때문이다.

물론 세상 문화와 신앙의 문화가 차이가 있게 마련이다. 그렇다 하여 진리를 거부할 수 없다. 세상 문화가 생활습관과 예술문화가 되어 정서에 영향이 될 수가 있다. 그러나 인간 삶에 절대적이고 전부가 되는 것은 아니다. 사람이 삶의 현장에서 문화와의 패턴에서 믿음 생활은 인간에게 필연적으로 되어야 한다.

셋째는 육신의 소욕 때문에 믿음을 쉽게 받아들이지 못한다. 육신이 소욕이 믿음을 받아들이는데 큰 장벽이 되는 것이다.

땅에 있는 육신의 소욕에서 진리의 세계 즉 하나님의 세계를 이해하며 받아들이겠는가.

예수님의 말씀에 "땅의 것을 말하여도 너희가 알지 못하거늘 어찌 하늘의 것을 알며 믿겠느냐" 하셨다.(요 3:12)

사람이 땅에 있는 육신의 소욕 때문에 예수를 쉽게 받아들이거나 믿지 못한다.

넷째는 사람이 예수를 믿지 못하게 하는 제일 큰 장애는 마귀 사탄의 방해이다.

누구에게나 마귀의 방해가 없다면 예수 믿는 사람이 많아지며 또 믿다가 타락하는 사람도 없을 것이다. 마귀는 어떤 수단을 동원하여 사람들이 예수를 믿지 못하게 한다.

대체로

(1) 마귀는 예수님에 대해서나 진리에 대하여 회의를 가지게 한다. 즉 예수님의 말씀에 신빙성이 없게 거짓말같이 여기며 믿지 못하게 한다. 예를 들면 예수님이 성령으로 잉태된 진리의 본질을 믿지 못하게 한다. 또 예수님의 부활도 회의를 가지게 한다.

그것은 고린도후서 4장 3~4절에 "만일 우리에게 복음이 가리워졌으면 망하는 자들에게 가리워진 것이라 그중에 이 세상 신이 믿지 아니하는 자들의 마음을 혼미하게 하여 그리스도 영광의 복음의 광채가 비치지 못하게 함이니 그리스도는 하나님의 형상이니라" 하셨다. 마귀의 술법은 하나님의 진리를 흐리게 한다.

(2) 믿는 사람이라도 미혹하는 전략을 쓰기도 한다. 예수님 말씀에 택한 자라도 미혹 캐 한다고 하였다. (마 24:24)

즉 진리를 진리로 믿지 못하게 한다. 예수님을 구세주로 하나님의 아들로 믿지 못하게 한다. 말세에는 믿지 않는 사람을 미혹하여 믿음을 가지지 못하게 할 뿐만 아니라 믿는 사람이라도 진리에 회의를 가지게 하고 믿음을 가지지 못하게 한다.

(3) 마귀는 거짓을 행한다. 마귀는 처음부터 거짓말하는 자이다. (요 8:44)

마귀는 본체가 거짓말쟁이로 하나님의 참된 것을 거짓 것으로 바꾸게 하며 사람을 망하게 한다. 예수님의 말씀에 "도적(마귀)이 오는 것은 도적질하고 멸망시키는 것이요" 했다.(요 10:10)

많은 사람이 마귀의 속임수에서 나오지 못하여 예수를 믿지 못하게 하는 현상이다.

사람이 어떤 투자나 희생을 치러서라도 예수를 믿어야 할 것인데 지금 시대는 예수 믿는 반대의 핍박이 있는 것도 아닌데 예수 믿는 사람들이 그렇게 많지 않다. 오히려 옛날에는 예수 믿는다고 하여 박해가 있을 때는 믿는 사람이 많았다.

다시 말하지만 지금 시대 예수 믿는 사람이 많지 아니한 편이다. 예수 믿는 것이 진정으로 축복이요 행복인데 그렇게 예수 믿는 사람이 많지 않은 것은 첫째는 하나님이 끌어당겨 주어야 예수 믿게 된다.

요한복음 6장 44절 "나를 보내신 아버지께서 이끌지 아니하시면 아무도 내게 올 수 없으니" 했다.

예수 믿는 것도 하나님이 기회를 주시고 또 이끌어 주셔야 한다.

둘째는 하나님이 택하여 주셔야 예수 믿게 된다. 에베소서 1장 4절에 '창세 전에 그리스도 안에서 우리를 택하사 우리로 사랑 안에서 그 앞에 거룩하고 흠이 없게 하시려고 그 기쁘신 뜻대로 우리를 예정하사 예수그리스도로 말미암아 자기 아들들이 되게 하셨으니' 했다

시편 65편 4절에도 "주께서 택하시고 가까이 오게 하사 주의 뜰에 살게 하신 사람은 복이 있나이다" 했다.

셋째는 하나님이 인생을 불쌍히 여기는 긍휼 때문에 예수 믿게 된다. 에베소서 2장 4절 "긍휼이 풍성하신 하나님이 우리를 사랑하신 그 큰사랑으로 허물로 죽었던 우리를 그리스도와 함께 살리셨고" 하셨다. 아무튼 하나님의 긍휼로 우리를 부르시고 구원하신 것이다.

넷째는 하나님의 신이 강권하게 이끄심이다. 고린도후서 5장 14절 "그리스도의 사랑이 우리를 강권하게 하시도다" 하셨다. 부패하고 타락된 인간이 하나님의 신의 이끄심이 없이 스스로 하나님께 돌아오기가 쉽지 아니하고 역시 예수 믿기 쉽지 아니한 것이다. 그래서 보편적인 말로 신앙 세계에서 어떤 사람은 순교하기까지 하면서 예수 믿는 사람이 있고 반대로 어떤 사람은 죽으면서도 예

수 시인하고 받아들인다고 하여도 입을 꾹 다물고 믿음을 고백하지 아니하는 사람도 있다.

이것은 우연한 것이 아니라 마귀가 개입하여 그 영혼을 지옥으로 끌고 가는 현장이다. 필자는 목회 현장에서 임종을 자주 지켜보았는데 여러 종류의 임종을 접하게 되었다.

그중에 어느 한 분은 병중에 예수 믿기로 하고 예배도 몇 차례 드렸는데 임종 이틀 남겨두고 예수 안 믿겠다 하고 신앙을 거부하였다.

이유인즉 죽은 어머니가 꿈에 선명하게 나타나 너는 예수 믿지 말라 네가 예수를 믿으면 나는 불행하다고 말을 하였단다. 이 말을 들은 아들은 진정 어머니 말이 맞는 줄 알고 예수 안 믿겠다고 했다. 이것은 자기 어머니가 아니고 마귀가 어머니로 과장하여 나타나 미혹한 것이다.

만일 사실이라면 어느 부모든지 자식이 잘되기를 원한다. 자기 아들이 지옥을 가느냐 천국을 가느냐 갈림길에 있는데 부모이면 천국 가게 조언을 하지 않겠는가. 그런데 믿고 천국 가는 길을 막아서겠는가.

세상 풍습이나 마귀는 수많은 사람을 예수 모르게 하고 믿지 못하게 하게 한다. 하나님은 한 영혼이라도 예수 믿고 천국 가기를 원하신다.(딤전 2:4)

한마디로 말해서 사람들이 다 알지 못한다고 할지라도 예수 믿는 것은 얼마나 귀하며 복된지 예수 믿는 것은 천국 가는 것이 첫째 조건이 된다. 이 얼마나 복되고 행복한 것인가.

이것 때문에 목숨을 걸고 순교까지 하면서 예수를 시인하고 믿게 된다.

천하의 것을 다 얻는다고 해도 예수 안 믿고 천국 가지 못하면 그 어느것이 유익하겠는가? 예수가 천국 가는 조건이 되니 예수 믿는 것이 행복이라 하지 아니하겠는가.

그다음은 자기의 삶을 예수 믿음 안에 맡기고 살면 그렇게 편안할 수가 없다.

예수 믿는다 하여 염려되고 걱정되는 일이 없는 것은 아니다. 일반인들과 같이 똑같은 어려움 즉 실패되는 일 또 다른 갈등들이 있을 수 있다. 그러나 빌립보 4장 6~9절 말씀처럼 "아무것도 염려하지 말고 다만 모든 일에 기도와 간구로, 너희 구할 것을 감사함으로 하나님께 아뢰라 그리하면 모든 지각에 뛰어난 하나님의 평강이 그리스도 예수 안에서 너희 마음과 생각을 지키시리라" 하셨다.

마음에 무거운 짐이 되고 고통과 갈등이 생기는 일들이 얼마나 많은가 이 모든 것을 예수님께 맡기는 것이다. 예수님 말씀에 수고하고 무거운 짐진 자들아 다 내게로 오라 내가 너희를 쉬게하리라 하셨다.

예수님은 우리 인간의 죄와 고통이 되는 짐들을 지시고 골고다에 오르시게 되었다.(사 53:5~6)

예수 믿는 사람들은 대체로 마음의 평강을 가지고 살아간다. 믿음 안에서 짐 되는 것들은 예수님께 맡겨야 한다.(시 55:19)

더 나아가서 예수 믿고 행복한 것은 마귀 사탄을 대적해서 이기는 삶이다. 우리 인간의 의지나 노력으로 마귀를 이길 수 없지만 예수 믿는 믿음 안에서 성령님의 힘에 의하여 마귀를 대적하며 이기는 것이다.

베드로전서 5장 8~9절 "근신하라 깨어라. 너희 대적 마귀가 우는 사자 같이 두루 다니며 삼킬 자를 찾나니 너희는 믿음을 굳건하게 하여 그를 대적하라" 하셨다.

마귀는 본래부터 사람을 죽이고 멸망시키는 존재이다. 그러나 주님이 오신 것은 우리에게 생명을 주시고 그 생명을 풍성케 하신다고 하셨다.(요 10:10)

인생이 예수님 안에서 마귀를 이기고 사는 것이 축복이요 행복이 된다.

그다음 예수를 믿는 믿음 안에서 자유의 은혜를 누리게 된다. 요한복음 8장 32절 "진리를 알지니 진리가 너희를 자유롭게 하리라" 하셨다.

여기 자유는 정치적인 자유나 경제적 자유나 풍습 적인 자유뿐 아니라 그보다 더 큰 자유를 의미하고 있다. 즉 죄에서 자유, 사망에서 자유, 마귀에게서 자유, 또 큰 상처와 절망에서 자유 자이다. 그래서 예수님은 영생과 승리와 위로와 또 자유의 화신이시다.

그러므로 예수 안에 있는 믿음으로 예수님과 제대로 관계된 사람은 그 삶의 아름다운 삶의 꽃을 피우게 된다.

예수가 믿어지는 행복에 대하여 요약하면, 예수가 누구인가를 분명히 아는 것이다. 예수가 단순한 종교의 교주 정도로 역시 4대 성인 중의 한 사람으로 아는 정도로 되어서는 안된다.

예수는 단순하게 종교의 교주나 성인 중의 한 사람이 아니다. 한마디로 말하면 인생을 죄에서 구원하시는 구원자이시다(마 1:21)

그 내용이

1) 하나님의 계획에 따라 선지자들의 예언 따라 보내심을 받은 하나님의 아들이시다.
2) 성령으로 잉태되신 분이시다.(마 1:18) 동정녀 마리아에게서 태어나신 분이시다.
3) 예수님은 죄가 없으신 분이시다.(히4:15) 예수님이 죄가 없으

신 증명은 성령으로 잉태되어 태어나셨기 때문이다.

4) 죄인들의 죄를 대속하여 십자가에서 죽으신 분이시다.
(사 53:5, 벧전 2:24, 롬 4:25)

5) 예수님은 죽으신 가운데서 다시 살아나셨다.(마 28:1, 고전
15:1, 롬 8:34) 구원자가 되신 증거가 됨.

6) 많은 사람이 보는 가운데서 승천을 하셨다.(행 1:11) 예수님은
죽은 자 가운데서 부활하셔서 40일 땅 위에 계시다가 하늘로
승천하셨다.

7) 예수님은 심판 주로 오시게 된다.(벧후 3:8~13, 고전 15:51~52)

예수님에 대하여 내용상으로 많은 것을 말을 할 수 있지만, 위에
언급한 것은 간단한 요약적 표현이다.

예수를 믿어 행복하다면 인생 각자가 예수의 필요성을 아느냐
받아들이느냐에 있다.

단순하게 교회에 몇 번 나가고는 예수 믿었다고 말할 수 없다고
본다. 종교 행위는 될지 모르지만 예수님이 자기에게 필요해서 믿
는다고 말할 수는 없다고 본다.

혹 교회는 수십 년 다녀서 직분 자가 되고 교인은 될 수 있어도
예수 안 믿는 사람도 있다.

교회를 얼마나 오래 다녔는가 하는 것이 문제가 아니라 짧은 기
간이라도 나에게 예수가 필요한가 관계적인 문제이다.

예수님이 필요로 하는 사람은

(1) 자기가 죄인이라는 것을 고백하는 사람이다.(롬 3:23, 롬
6:23, 시 51:1~4, 롬 3:10) 인생이 자기 죄 때문에 고민하고

누가 나의 죄를 해결할 것인가 고민하는 사람이 예수를 필요로 할 것이다.

(2) 자기가 연약하고 할 수 없다는 것을 아는 사람이 예수님을 필요로 하게 될 것이다.(벧전 1:24)

(3) 죽음의 한계를 느끼는 사람이 예수를 필요로 할 것이다.
   (히 9:27, 2:14)

(4) 마귀 싸움에서 한계를 가진 사람이 예수의 필요를 알게 된다.
   (벧전 5:8~9)

(5) 자기 죄를 사함받고 구원받아 천국 가는데 예수를 필요로 한 존재로 알 것이다.(행 4:12, 요 14:6, 롬 3:24)

(6) 자기 삶의 무게를 가진 사람이 예수를 필요로 할 것이다.
   (마 11:28, 시 55:19, 시 37:7)

예수의 필요를 알고 행하는 행동은

(1) 예수를 구원하는 구주로 고백하고 믿는 것이다.(요 3:15~17, 행 16:31, 롬 10:10)

(2) 예수를 영접해 들이는 것이다. "영접하는 자 곧 그 이름을 믿는 자들에게는 하나님의 자녀가 되는 권세를 주셨으니"
   (요 1:12)

(3) 하나님께 순종하고 따르는 것이다.(롬 8:14, 16)

(4) 삶의 모든 짐을 맡기는 삶이다.(빌 4:6~7, 시 37:7)

(5) 삼위의 하나님(성부, 성자, 성령)과 관계되어 사는 삶은 하나님의(요 15:5, 7, 11) 은혜로 말미암아 행복할 것이다.

(6) 우리는 사형선고를 받은 줄 알고 예수님을 의지하는 것이다.
   (고후 1:9)

제 4 장

예수 때문에 자신이 하나님의 자녀인 것을 분명히 인지하는 사람이 행복하다.

하나님을 아버지라 부르는 근거

(1) 하나님의 출생(약 1:18, 딛 3:5, 벧 1:22)

(2) 값을 주고 사셨기 때문에(고전 6:20, 딛 2:14)

(3) 양자의 영을 받았기 때문에(롬 8:15)

하나님의 자녀의 생활 자세

(1) 내가 하나님의 자녀라는 것을 깊이 인지하고 살아야 한다.

(2) 하나님과 예수님이 행하신 것을 그대로 받아들인다.

(3) 하나님과 사귐을 가지는 것이다.

(4) 하나님의 자녀의 가치로 살아간다.

(5) 죄를 회개하면서 살아간다.

(6) 하나님의 일군으로 살아간다.

(7) 고난도 감내하면서 살아간다.

(8) 시험 때도 잘 견디며 살아간다.

하나님의 자녀로 얻어지는 축복

(1) 땅 위에서 축복받으며 살아간다.

(2) 하늘의 것으로 상속받는다.

(3) 행함의 상급 심판은 받아도 죄에 대한 심판은 면하게 된다.

교회를 오래 다니며 예수를 믿었다 하나 또 하루도 빠짐없이 하나님을 아버지라 부르면서도 또 성경은 수를 셀 수 없을 정도로 하나님을 아버지인 것을 기록하고 있지만, 자신이 하나님 아버지 할 때는 하나의 습관 정도이지 정말로 실감 나게 또 진정성 있게 하나님을 아바 아버지로 부르는가 진정성 있고 실감 나게 하나님 아버지 하면 지식적으로 확고하게 하나님이 내 아버지 하나님이시다. 마치 자기를 낳아주신 아버지를 혈통적 아버지로 인식하듯이 하나님이 눈에 보이지 않지만, 신의 아버지로 혈통적 아버지보다 더 인정이 가며 신뢰가 가는 아버지가 되어야 한다.

그리고 신뢰가 되는 지식을 가지고 있어야 한다. 맹목적으로 하나님을 아버지라 할 수 없다.

육신의 아버지를 지식적인 근거가 있고 이유가 있어 아버지 부르듯이 하나님도 아버지 부르는 근거가 있고 이유가 있다.

그러면 하나님이 우리 아버지가 된 사실적인 근거를 알며 이유를 분명히 알아야 진정성 있게 실감 나게 하나님 아버지 하면 행복하기 마련이다. 소년 소녀가 자라면서 아버지 부를 대상이 있어 아버지 우리 아버지 하면서 자라는 청소년이 행복할 것이다.

교인들이 교회에 나가면서 하나님 아버지 하지만 진정성 없고 실감 없이 아버지 하면 자기의 가치관도 모르고 교인의 정체성도 잘 몰라 저 갈대밭에 시들어 가는 한 갈대 나무와 같은 인생인 것이다.

저 자갈밭에 있는 한 돌멩이와 같은 인생이다. 한 인생의 별 의미 없는 인생이다.

하나님 아버지 한다고 같은 인생관은 아니다. 분명히 실감 나는 하나님 아버지 하여 그 인생의 운명이 바뀌며 행복한 인생이 되어야 한다.

지금은 고인이 되었지만, 우리나라 최고의 국문학자로써 문교부 장관을 2회나 지내신 이어령 박사님은 인생 후반기에 따님에게 전도를 받아 예수를 믿어 많은 진리를 깨닫고 그의 시집에 하나님 전에 일찍 꽃 한 송이 드리지 못하고 늦게나마 드리나이다 했다.

사도바울이 청년 시절에는 율법인 이요 종교인이었지만 다메섹에서 예수를 만난 후에는 예수를 대속주로 발견하였으며(고후 5:21) 하나님은 율법의 하나님이 아니라 아버지 하나님을 발견하고 자신이 하나님의 아들임을 발견하게 된 것이다.

이것이 성령의 한 부분이 아니라 바울 서신의 전반 흐름의 사상이다.

사도 요한도 그의 사상이나 사랑을 가장 많이 기록하고 있으며 그 이면에 우리가 하나님의 자녀인 것을 기록하고 있다. 대표적인 말씀은 요한복음 3장 16절이다.

성경 전반에 어느 예수님의 제자든지 하나님의 사랑의 근본을 말하면서 우리가 하나님의 자녀인 것을 나타내고 있다.(요 1:12).

이제 우리가 하나님을 진정성 있게 고백하면서 행복을 노래한다면

1. 하나님을 아버지라 할 수 있는 근거 조건이 무엇인가?

성경은 하나님을 아버지 할 수 있는 근거를 많이 말하고 있다.

그것은

(1) 하나님이 우리를 낳으셨기 때문에 하나님이 나의 아버지가 되신다.

창세기 2장 7절 "흙으로 사람을 만드시고 코에다 생기를 불어넣으시고 생령이 된 지라" 했다. 또 다른 말로 낳았다고 성경은 말하고 있다.

야고보서 1장 18절 "그가 그 피조물 중에 우리로 한 첫 열매가 되게 하시려고 자기의 뜻을 따라 진리의 말씀으로 우리를 낳으셨느니라" 하셨다.

아무튼, 창조 즉 지으셨다는 말이나 낳으셨다는 말은 한마디로 말하면 출생했다는 말이다.

다시 말하면 하나님이 우리를 출생했다는 말이다. 이미 제1장에서 자기 가치론에서 언급하였다.

사람이 자기 가치론이 확립되지 아니하고는 행복하지 못한 것을 언급했다.

지금 제2장에서는 하나님의 출생으로 바른 인식론을 바르게 알고 행복하자는 것이다.

사람이 자기 출생을 바로 알지 못하고 내가 어디에서 왔는지 불교의 윤회로 어떤 동물에서 왔는가, 또 미생물에서 진화되어왔는가, 샤머니즘으로 왔는가 헷갈리면 그 인생은 물 위에 떠 있는 하나의 부평초에 불과한 것이다.

이러한 사람은 자기의 가치관도 모르고 미래가 희미하여 마음의 안정감이 없고 우울하거나 불안할 수밖에 없다. 그러나 자기 자신은 하나님에 의해 출생하였고 하나님에 의하여 존재하고 있다는 것을 확실히 인식하고 또 신앙화 하고 있는 사람이라면 하나님이

그 속에 계시고 능력과 확신과 신뢰와 믿음으로 행복한 인생이 되는 것이다.(살전 1:5)

어떤 관념주의와 이념 주의, 회의주의 들이 마음에서 생겨도 나는 하나님에 의해서 출생한 존재야! 하나님이 나를 낳으신 가치 있는 존재야! 고백하면서 또 하나님 닮은 존재야! 하면서 나는 하나님의 소유야! 하면서 불합리한 회의를 추방하면서 자기를 하나님 창조의 가치 확립을 시키면서 고백하는 것이다.

그리하면 창조주 진리의 나무에서 생명의 꽃도 피우고 소망의 꽃도 피우며 기쁨의 꽃도 피우며 사랑과 희락과 화평, 오래 참음과 자비 양선 충성 온유와 절제의 열매를 맺게 될 것이다.(갈 5:22~24)

또 인생이 하나님께로부터 출생했기 때문에 닮았다고 말하고 있다. 창세기 1장 27절 "하나님이 자기 형상 곧 하나님의 형상대로 사람을 창조하시되 남자와 여자를 창조하시고" 하셨다.

우리가 더 자신감을 가지고 또 확신을 가지는 것은 하나님 닮았다는 데 있다.

우리가 우리 자신만 보면 더럽고 가치 없고 보잘것없고 내어놓을 것 없지만 그래도 하나님이 우리를 창조하시고 우리가 하나님 닮았는데 얼마나 자신감 있고 행복한 것인가.

천사가 화려하고 아름다워도 하나님 닮았다 하지 않는다. 사람은 죄가 많고 모순이 있어도 하나님 닮았다는 것은 신분상 본질이 하나님을 닮았다는 것이다.

다시 말하지만 천사는 하나님과 하나님의 자녀들을 섬기며 수종드는 정도이지만 사람은 하나님이 낳으시고 닮기까지 하셨으니 사랑의 대상이 되는 것이다.

(2) 하나님이 값을 주고 사셨기 때문에 우리가 하나님을 아버지라고 하는 것이다.

보통 대가를 주고 사신 것이 아니라 자기 외아들 예수를 속죄 제물로 지불하여 우리가 하나님의 자녀가 된 것이다.

성경에서는 사셨다는 말을 여러 모양의 형태로 말하였다.

디도서 2장 14절 "그가 우리를 대신하여 자신을 주심은 모든 불법에서 우리를 속량하시고 우리를 깨끗하게 하사" 하였다. 또 속량하셨다. 값을 주고 사셨다.

고전 6장 20절 "값을 주고 사신 것이 되었으니" 했다.

대신하여 제물이 되다. 에베소서 5장 2절 "그는 우리를 위하여 자신을 버리사 향기로운 제물과 희생의 제물로 하나님께 드렸으니" 했다.

로마서 3장 24절 '그리스도 예수 안에 있는 속량으로 말미암아 하나님의 은혜로 값없이 의롭다 하심을 얻은 자 되었느니라'(엡 1:7, 요일 1:7) 값을 지불하여 하나님의 자녀가 된 것이다.

하나님이 우리를 자기 형상대로 지으셨지만, 인간 시조 아담이 범죄하므로 전 인류에게 사망이 찾아와 하나님 아들의 자격을 잃게 되었다.

로마서 3장 23절 "모든 사람이 죄를 범하였으매 하나님의 영광에 이르지 못하더니" 하였다.

그러나 값을 주고 사셨으므로 예수 믿음으로 예수 안에 있는 자녀들은 모두 하나님의 자녀가 된 것이다. 그것이 하나님의 큰사랑에 기인한 것이다.

에베소서 4장 5절 "긍휼이 풍성하신 하나님이 우리를 사랑하신 그 큰 사랑으로 인하여 허물로 죽은 우리를 그리스도와 함께 살리셨고 너희는 은혜로 구원을 받은 것이라" 하였다.

다시 말하면 하나님이 우리를 불쌍히 여긴 사랑으로 구원을 얻어 하나님의 자녀가 된 것이다. 그래서 요한 사도는 인간이 구원받고 하나님의 자녀가 되는 것에 진단하여 표현하고 있다. 그것이 요한일서 3장 1절에서 표현하는 것은 사랑이라고 말하고 있다.

우리가 구원 얻고 하나님의 자녀가 되는 것은 희생적인 사랑이다.

옛날부터 전해 내려오는 이야기인데 지금부터 70~80년 전만 해도 한센병에 걸리게 되면 개인적으로 치료가 쉽지 아니하여 수용시설로 들어가서 치료받기도 했으며 사람이 살지 않는 곳으로 추방되거나 소문이 나지 아니하면 숨어지내게 되면서 그 병이 확산하여 결국 스스로 죽어가게 되니 안타까운 상황을 겪게 되었다.

어느 한 가정에 사랑하는 아들이 한센병에 걸려 죽어가는데 그의 어머니가 주변 사람들 모르게 숨기면서 지나게 되었다. 특별한 약은 없었고 병으로 시들어가는 아들을 보는 어머니가 차마 그 모습을 보기 힘들어 그 당시 나환자에게는 인육(사람의 살코기)을 먹으면 병이 치료된다는 말을 듣고 자기 살을 베어 양념을 넣고 요리해서 먹였더니 너무 맛이 있어 그 아들은 병이 호전되었는데 아무것도 모르는 아들은 어머니에게 그 고기를 구해서 한 번 더 해줄 수 없겠느냐고 요청하여 어머니는 거절을 못 하고 다시 한번 더 자신의 엉덩이 살을 베어 아들에게 요리를 해먹이고 어머니는 피를 너무 많이 흘려 결국 죽게 되었다.

그 후에 사실을 알게 된 아들은 많이 애통하였다고 한다. 결국 어머니의 죽음이 못난 아들이 살아나게 되었다고 고백했다.

우리도 예수님께서 대신 죽어주신 사랑 때문에 구원을 얻고 하나님의 자녀가 되었다. 이 사실을 성경 여러 곳에서 증명하고 있다. 진정한 성도라면 이 사연들을 눈물 없이 읽을 수 있겠는가, 강단에서 설교하는 목사가 눈물 없이 하나님의 구원사를 말할 수 있겠는가.

우리가 하나님이 우리를 지으시고 구속의 은혜를 너무 깊이 모르고 형식적이므로 하나님의 아들이 된 것에 의식이 없으니 감사가 없는 것이다. 오늘 우리 신앙의 폐단이라고 본다.

우리가 죄인이지만 하나님이 얼마나 사랑하시는가, 스바냐 3장 17절 "너의 하나님 여호와가 너의 가운데에 계시니 그는 구원을 베푸실 전능자이시라 그가 너로 말미암아 기쁨을 이기지 못하시며 너를 잠잠히 사랑하시며 너로 말미암아 즐거이 부르며 기뻐하시리라 하리라" 했다.

또 이사야 43장 4절 "네가 내 눈에 보배롭고 존귀하며 내가 너를 사랑하였은즉 내가 네 대신 사람들을 내어주며 백성들이 네 생명을 대신하리니" 했다

이 모두는 우리가 하나님의 자녀이기 때문이요 또 귀한 값을 주고 사셨기 때문이다.

못난 자식이든지 잘난 자식이든지 부모는 그 자식들을 사랑하신다.

앞서도 말했지만 하나님이 어떤 사랑으로 우리를 하나님의 자녀가 되게 한 것을 제대로 알았다면 눈물겹게 부끄러워하며 감사할 것이다.

어느 아이가 자기 손으로 작은 보트를 만들어 연못에 가서 띄우게 되었는데 바람 따라 연못 가운데로 가게 되어 결국 보트를 잃고 말았다. 그 후에 그 아이는 아쉬움과 그리움에 며칠 지나서 어느 고물상 앞을 지나게 되는데 눈에 익어 보이는 물건이 있어 가까이 가서 보니 자기가 만든 보트였다. 반가워하며 사장에게 찾아가서

그 보트를 자기가 만든 것이니 자기에게 달라 하였다. 그때 사장이 하는 말이 내가 돈을 주고 샀으니 네가 꼭 갖고 싶으면 돈을 주고 사라고 했다.

아이는 예 그러면 제가 돈을 마련해 올 때까지 다른 사람에게 팔지 말아달라 약속을 하고 그 아이는 돈을 마련하기 위하여 여러 가지 노력을 하였다.

신문팔이와 부모님의 심부름 등을 하여 돈을 마련해서 그 보트를 사게 되었다. 그 아이는 그 보트를 품에 안고 쓰다듬으면서 하는 말이 너는 두 번 나의 것이 되었다고 하면서 한번은 내가 너를 만들어서 내 것이 되었고 한번은 값을 주고 샀으니 너는 내 것이야 하며 감격해 했다.

이것은 하나님과 우리의 관계 비유를 생각할 수 있다고 본다. 하나님과 성도의 관계는 심판의 관계가 되는 것이 아니고 사랑의 관계인 것을 잘 기억해야 한다(요일 3:1~)

(3) 우리가 하나님 자녀가 된 이유는 양자의 영을 부어주셨기 때문이다.

로마서 8장 15절 "너희는 다시 무서워하는 종의 영을 받지 아니하고 양자의 영을 받았으므로 우리가 아빠 아버지라고 부르짖느니라" 하셨다.

갈라디아서 4장 6절에도 "너희가 아들이므로 하나님이 그 아들의 영을 우리 마음 가운데 보내사 아빠 아버지라 부르게 하셨느니라" 하셨다.

성도는 하나님 아들의 영 즉 양자의 영이 있으므로 하나님을 아빠 아버지라 부르짖게 된다.

다시 말하면 성령이 마음에 계시지 아니하면 누구라도 하나님을 아버지라 부르지 못한다.

고린도전서 12장 3절 "그러므로 내가 너희에게 알리노니 하나님의 영으로 말하는 자는 누구든지 예수를 저주할 자라 하지 아니하고 또 성령으로 아니 하고는 누구든지 예수를 주시라 할 수 없느니라하셨다.

우리의 구원과 우리가 하나님의 자녀가 된 조건이 성령과 관계된 것을 성경 여러 곳에서 말하고 있다.(딛 3:5~7, 롬 8:15, 요 3:5)

우리를 하나님의 자녀로 태동케 한 것이 성령의 본질에 근거가 된 것이다.(딛 3:5~7)

다윗은 시편 51:10~11절 "하나님이여 내 속에 정한 마음을 창조하시고 내 안에 정직한 영을 새롭게 하소서 나를 주 앞에서 쫓아내지 마시며 주의 성령을 내게서 거두지 마소서" 했다.

다윗의 시상에서는 하나님의 성령이 자기 마음을 창조하시며 정직한 영을 새롭게(거듭나게 하는 의미) 하소서 한 것은 하나님의 아들의 영을 회복하는 뜻을 가진 것이다.

보혜사 성령께서 이 세상에서 우리 인간에게 많은 역할을 하신다. 먼저 인간이 예수를 믿는 것도 성령님 역할로 믿게 된다. 고린도전서 2장 4절 "내 말과 내 전도함이 설득력 있는 지혜의 말로 하지 아니하고 다만 성령의 나타나심과 능력으로 하여" 했다.

누구라도 예수를 믿고 믿어지는 것이 축복이다. 다시 말하지만 성령이 아니면 예수가 믿어지지 않는 것이다. 역시 믿음이 자라는 것도 성령의 능력이 되신다.

고린도전서 2장 5절 "너희 믿음이 사람의 지혜에 있지 아니하고 다만 하나님의 능력에 있게 하려 하였노라." 했다.

회개의 역사를 일으키고 성도가 신앙을 유지해가게 하는 것도 성령의 간섭의 권고로 보게 된다. 성령은 성도가 기도해야 할 때 기도하게 하신다.(롬 8:26~27)

더러운 죄를 지으므로 영혼에 때가 묻었을 때 성령으로 그 죄를 회개하게 한다.(시 51:47, 고후 7:10~)

하나님의 백성에게 바른길을 제시하시며 탄식하게 하신다.(고후 7:11)

또 성령님은 사람을 하나님의 백성 되게 하실 뿐만 아니라 믿게 하시며 하나님의 일에 충성되게 하시며(딛 2:14절 하반절)

또 하나님께 소망을 가지며 마지막까지 성도의 영혼을 보장되게 하신다.(시 116:15, 계 14:13~)

또 우리를 하나님의 자녀가 되게 하는 데는 성령이 인쳐주신 것이다. 고린도후서 1장 22절 "그가 또한 우리에게 인치시고 보증으로 우리 마음에 성령을 주셨느니라" 했다.

우리 각자를 창조하시고 대속하시며 성령님의 영으로 하나님의 자녀가 되는 조건을 하나님은 100% 갖춰 놓으셨다.

2. 우리가 하나님의 자녀라는 자세가 어떠하여야 하는가?

(1)내가 하나님의 자녀라는 것을 깊이 인식하면서 살아간다.

각자 자기 자신 편에서 볼 때 구원조건도 없고 더욱 하나님 자녀의 조건이 될만한 것이 전혀 없다. 자신 스스로에게서 없을 뿐만 아니라 환경에서도 너는 하나님의 자녀라고 보증을 해주지 아니하며 오히려 하나님의 자녀 위치에서 멀어지게 하고 있다.

요한일서 2장 16절 "이는 세상에 있는 모든 것이 육신의 정욕과

안목의 정욕과 이생의 자랑이니 다 아버지께로부터 온 것이 아니요. 세상으로부터 온 것이라" 하였다.

그뿐만 아니라 마귀도 우리가 하나님의 자녀임에도 불구하고 우리가 하나님의 자녀가 아닌 것을 변명하며 또 조롱하며 우리 마음을 흔들리게 한다. 마귀는 가만히 있지 아니하고 미혹하고 있다. (벧전 4:8~9).

그러므로 우리 자신에게서나 주변 상황으로부터 내가 하나님의 자녀라는 자신감에 회의를 가지며 흔들리게 한다.

그러므로 앞에서 말한 사실들을 믿음의 토대로 삼으면서 내가 하나님의 자녀라는 것을 깊이 인식해야 한다.

추가해서 성경 몇 구절을 소개하고자 한다.

디도서 3장 5절 "우리를 구원하시되 우리가 행한바 의로운 행위로 말미암지 아니하고 오직 그의 긍휼하심을 따라 중생의 씻음과 성령의 새롭게 하심으로 하셨나니" 여기에 인간이 구원과 하나님의 자녀가 되는 데는 사람의 어떤 행위도 요구되지 아니하고 있다.

에베소서 2장 8절 "너희는 그 은혜에 의하여 믿음으로 말미암아 구원을 받았으니 이것은 너희에게서 난 것이 아니요 하나님의 선물이라" 했다

성경 어느 곳에서도 행위로 구원을 얻고 하나님의 자녀가 되는 것을 말한 곳이 없다.

그런데 사람들이 하나님의 큰 구원을 받아 하나님의 자녀가 되었으면서도 구원 관이 흔들리고 또 내가 하나님의 자녀라는 것에 회의를 가지는 것은 구원 관이 잘못되어있기 때문이다.

그것은 한국인의 특성상 관념 속에 불교적인 사상과 유교적 사상이 내재되어 있어 행위로 구원 얻는다는 관념이 있기 때문이다.

우리는 이것을 극복하고 퇴출하여야 한다. 그런 중에 마귀는 끝까지 우리를 미혹하고 구원 관에 불신을 가지게 한다.

다시 말하지만 구원 관에는 나의 개인의 행함이 포함되지 않는 것이다.(이것이 다른 종교와 차이점이다.)

그러므로 내가 하나님의 자녀가 된 것은 성경적 바른 인식이 필요하여 성경 말씀으로 거듭거듭 다짐하여야 한다.

행위 관을 단적으로 확실하게 끊어야 한다. 그렇지 않으면 교회 안에 중직자라도 구원 관이 흔들리게 된다.

필자가 어느 선교보고서를 보게 되었다. 태국에서 있었던 일인데 태국은 불교나라이다. 그래서 태어나면 불교의 생활과 교리를 접하게 된다고 한다. 그래서 태국에서는 다른 종교나 특별히 기독교 전도나 교육을 반대하지 않는다고 한다. 그것은 태국인에게 불교의 관념이 머릿속에 아이 때부터 심기어져 있으므로 사상을 뿌리까지 뽑지는 못한다는 것이다.

어느 남자분이 일찍부터 기독교 복음을 받아들여 신앙생활을 오랫동안 하면서 교회에서 안수집사도 되었다. 그런데 이분이 죽음 임종 시에 하는 말이 자기가 죽으면 저위 쪽 큰절 옆에 묻어달라 하고 세상을 떠나게 되었다.

여기에서 생각할 필요가 있다고 본다. 다시 말하지만 많은 교인 중에 하나님의 은혜 쪽보다 행위적인 줄에 묶여 있지는 않은가 내가 하나님의 자녀가 되는데 내 행위가 절대 있을 수 없다. 그러므로 하나님의 은혜로 내가 하나님의 자녀인 것을 깊이 인식해야 한다.

(2) 하나님의 본질과 그의 말씀과 인격과 그가 행하신 것 그대로 받아들이는 것이다.

이 부분이 적용된 말씀이 요한복음 1장 12절 말씀이다. "영접하는 자 곧 그 이름을 믿는 자들에게는 하나님의 자녀가 되는 권세를 주셨으니" 하셨다.

또 로마서 10장 10절 "사람이 마음으로 믿어 의에 이르고 입으로 시인하여 구원에 이르느니라" 했다.

하나님은 인간의 구원조건을 만들어 두셨어도 이 사실을 받아들이지 아니하고 믿지 아니하는 사람은 구원에 이르지 못한다.

아무리 구원조건을 하나님께서 만드시고 보장하셨어도 받아들이지 아니하고 거역하면 구원 보장이 안되며 하나님의 자녀가 되는 것은 아니다.

요한복음 3장 18절 하반 절 "하나님의 독생자 이름을 믿지 아니하므로 벌써 심판을 받은 것이니라" 했다.

그러나 하나님은 많은 사람이 구원 받기를 원하신다. 디모데전서 2장 4절 "하나님은 모든 사람이 구원을 받으며 진리를 아는 데에 이르기를 원하시느니라" 하셨다.

인생이 하나님을 알고 예수를 믿으며 하나님 자녀의 삶을 산다는 것은 얼마나 큰 행복인가. 부끄러운 구원이라도 구원 얻는다는 것이 얼마나 큰 다행인가 성경의 한 예가 있다.

누가복음 23장 39~40절에 보면 예수님께서 십자가에 달렸을 때 양쪽에 강도 두 사람도 같이 달리게 되었다. 두 사람 중의 한 사람은 예수를 비방하고 구주로 받아들이지 아니했다.

그러나 한편 강도는 "예수여 당신의 나라에 임하실 때 나를 기억하소서 하니 예수께서 이르시되 내가 진실로 네게 이르노니 오늘 네가 나와 함께 낙원에 있으리라 하시니라" 하셨다.

사람 중에 마지막 순간 임종시에 예수를 영접하여 구원을 얻는 사람이 있는가 하면 끝까지 예수를 부인하고 영접하지 아니하여 구원의 기회를 놓치는 사람들도 있다.

어떤 사람은 마지막 죽는 순간에도 입을 꼭 다물고 예수를 시인하지 아니하는 사람이 있고 반대로 마지막 죽는 순간이라도 예수를 영접하는 사람들이 있다.

한 유튜브에서 방송된 바 있는데 어떤 자매님 한 분이 자기 남편이 암에 걸려 병원 신세를 지고 있을 때 암 말기가 되어 고통을 많이 겪고 있었다.

자기 남편만 있는 것이 아니고 같은 환우들이 같은 병동을 쓰고 있는데 질병 때문에 고통도 많이 겪지만 그것보다 죽음의 사자가 (저승사자) 나타나 당하는 두려움의 고통이 더 심하여 주변 모든 환자 역시 고통을 겪고 있었다. 이 자매님의 남편이 심히 두려워하며 괴로워하여 다른 방법은 없고 자매님은 역시 교회에 나간 적이 없지만 하나님의 신은 큰 신이라는 것을 알고 환자의 심방을 온 교인들에게 간곡히 부탁하여 자기 남편 병실에서 찬송하게 하니 약간 진정이 되고 그 후에 교역자들이 자주 심방하여 예배드리므로 그 자매의 남편은 예수 믿기로 하고 죽기 3일 전부터 완전히 평안함을 찾게 되었다.

그러나 주변 환우들은 계속 고통스러워하고 힘들어했다.

그래서 예수 믿고 하나님을 아버지로 모신 사람은 참 행복한 사람이다.

(3) 하나님의 자녀는 하나님과 사귐을 가지는 것이다.

요한일서 1장 7절에 '그가 빛가운데 행하면 우리가 서로 사귐이 있고 그 아들 예수의 피가 우리를 모든 죄에서 깨끗하게 하실 것이

요' 했다.(요일 1:6)

예수를 믿는 사람들에게 특징적인 현실은 하나님과 사귐이라고 생각한다.

하나님은 성도를 향하여 사귐을 크게 요청하고 있다.

계시록 3장 20절 같은 경우에서는 주님이 문밖에서 두드리오니 누구든지 내 음성을 듣고 문을 열면 내가 그에게로 들어가 그와 더불어 먹고 그는 나와 더불어 먹으리라 했다.

다시 말하지만 신앙생활의 비중이 하나님과 사귐이다. 사귐은 교제를 말하는 것이다.

신앙생활의 정의가 무엇인가 묻는다면 교제를 말할 수 있다.

요한복음 15장 11절 "내가 이것을 너희에게 이름은 내 기쁨이 너희 안에 있어 너희 기쁨을 충만하게 하려 함이라했다.

인간이 세상을 살면서 하나님과 더불어 살며 사귐으로 살면 행복한 것이다.

마치 부모와 자식 관계로 돈독한 것은 서로 교제와 사귐이 되는 것이다.

사귐은 여러 가지 면으로 사귐을 표현할 수 있게 된다.

먼저 영적인 본질에서 부합되어 있고 사귐이 있다.(요 15:1~7, 빌 4:4, 딛 3:5, 빌 2:2)

말씀으로 사귐을 말할 수 있다고 본다(마 4:4)

하나님의 자녀로서 얻어지는 유익이 무엇인가?

혜택과 유익이 글로서 다 표현하기 어렵다. 각자가 받아 누리는 혜택을 다 헤아릴 수 없다고 본다. 대충 큰 사실만 언급하고 싶다.

(4) 하나님의 자녀 신분의 가치로 살아가게 한다.

예수그리스도를 구주로 믿고 사는 사람은 예수 안에서 살아간다. 안에라는 말은 '엔'인데 이 말은 그리스도 안에서 하나님의 혜택을 누리는 특권이 있다는 것이다. 복음서나 바울 서신에는 안에라는 말이 많이 언급되고 있다. 이 말은 인생이 복음 안에서 여러 가지 혜택 즉 은혜를 누리게 시스템을 만들어 놓았다는 것이다. 예수 안에서 하나님의 자녀가 된 사람에게 제일 먼저 구원이 보장되는 것은 두말할 것 없다.(요 3:16, 5:24, 롬 3:24, 1:17)

다음은 기도의 응답을 받게 되고(빌 4:6~7, 마 7:7~10, 요 15:7) 다음은 평안함을 얻게 된다.

(빌 4:7, 4, 요 15:11, 14:27, 골 3:15)

그다음은 고난을 극복하게 된다(롬 8:16~17)

하나님의 자녀로 누리고 얻는 것은 각종 좋은 것과 누리는 선물과 혜택을 누리게 된다.

야고보서 1장 17절 "온갖 좋은 은사와 온전한 선물이 다 위로부터 빛들의 아버지께로부터 내려오나니 그는 변함도 없으시고 회전하는 그림자도 없으시니라"했다.

소망을 가지게 하신다. 로마서 5장 5절 "소망이 우리를 부끄럽게 하지 아니함은 우리에게 주신 성령으로 말미암아 하나님의 사랑이 우리 마음에 부은 바 됨이니"했다.

성경에서 대충 그리스도 안에서 기본 기준 것만 말하지만 예수 안에서 각자가 체험하고 누리는 것들도 더 많을 것이다.

또 그리스도 안에 사는 자녀들은 어떤 미신이나 제도나 규율에 제재받지 아니하고 자유를 누리며 살아간다.

요한복음 8장 32절 "진리를 알지니 진리가 너희를 자유롭게 하리라"했다.

자유는 제 2 생명으로 자유가 있는 곳에 평안이 있으며 행복이 있는 것이다. 복음 밖에서는 참 자유가 없다. 자유가 없다면 묶이는 것이요 제재받는 것이다.

예수 밖에서 자유를 누리지 못하는 사람들이 많다. 이를테면 어떤 사람은 어떤 풍습에 매여있고 어떤 제도에 제지받으며 또 어떤 사람은 귀신에게 묶여 있으며 또 어떤 사람은 습관에 묶여 인생을 자유 없이 살아간다. 역시 미신에 붙들려 살아간다.

일본 같은 나라는 8만 가지 이상의 신이 있는데 항상 귀신의 의식 속에 살아가면서 자유롭게 이사 가지 못하며 어떤 사업을 하거나 또 결혼을 하게 되거나 하면 귀신의 의식 속에 날짜 받고 의식 차려 행하게 되니 얼마나 부담이 되겠는가, 그러나 예수 믿는 사람은 모두가 자유 아래서 행하게 된다. 예수 안에서 전혀 의식 없이 자유롭게 하니 행복한 것이다.

또 세상에서 예수 안에 하나님의 자녀들로 사단 마귀를 대적하면서 살아간다. 사단 마귀가 인간 삶의 현장 가까이에서 인간들을 불행하게 한다.

요한복음 10장 10절 "도둑이 오는 것은 도둑질하고 죽이고 멸망시키려는 것뿐이요" 했다.

마귀는 미혹하고(마 24:24) 파괴하고 시험에 들게하며 넘어지게 하기도 한다.

그래서 성경은 그를 대적하라 하였다. 베드로전서 5장 8~9절 "근신하라 깨어라 너희 대적 마귀가 우는 사자 같이 두루 다니며 삼킬 자를 찾나니 너희는 믿음을 굳건하게 하여 그를 대적하라" 했다.

마귀사단은 대적의 대상이다. 마귀를 섬기면 멸망하고 미혹되고 괴로움이 더할 것이다. 그러나 예수 믿는 사람은 그리스도 안에서 살게 되니 승리와 회복과 평안함을 가지게 된다.

그러나 하나 꼭 짚고 갈 부분이 있다. 예수그리스도 안에 사는 자녀들은 실패도 없고 불행도 없는 만사형통만 있는 것은 아니다.

하나님의 자녀라 할지라도 고난이 있고 실패도 있을 수 있다. 그러나 영원히 멸망하거나 마귀사단의 시험에서 영원히 끝나는 것은 결코 아닌 것이다. 하나님의 자녀라도 고난과 실패가 있는 것은 분석해볼 필요가 있다.

실패와 고난은

(5)죄를 회개케하기 위하여 고난이 올수 있다. 하나님의 자녀이지만 범죄함을 깨닫지 못하고 회개하지 아니할때에 실패와 고난을 주시는 것이다.

히브리서 12장 8절 "징계는 다 받는 것이거늘 너희에게 없으면 사생자요 친아들이 아니니라" 했다. 신앙으로는 하나님의 자녀인데 시련을 많이 겪는 분들도 많이 보게된다.

(6)하나님의 자녀로 일꾼으로 단단히 단련을 받는 사람들도 보게 된다. 그래서 다윗같은 사람도 고난받는 것이 유익이라 했다. (시 119:71)

히브리 기자는 히브리서 12장 10절 "그들은 잠시 자기의 뜻대로 우리를 징계하였거니와 오직 하나님은 우리의 유익을 위하여 그의 거룩하심에 참여하게 하시느니라" 했다.

다시 말하면 그릇만큼 일꾼만큼 연단하고 훈련하신다. 시편 저자 다윗은 시편 26편 2절에 "여호와여 나를 살피시고 시험하사 내뜻과 내 양심을 단련하소서" 했다.

(7)하나님은 자기 자녀에게 목적이 있으면 단련하신다. 하나 더 생각할 것은 하나님의 자녀가 축복 받을 상황이 생기면 그 일이 있기 전에 실패도 있고 고난도 있을 수 있다. 흔하게 말하는 것 중에 축복전에 고난이 있다고들 한다.

그래서 고난의 때에 인내하라고들 한다. 고난은 축복을 담을 수 있는 그릇이라고 말할 수 있다.

또 말하자면 실패와 고난이 축복과 성공으로 나아가는 길목이라고 말할 수 있다.

누구라도 고난 없이 성공한 사람은 없다고 본다(히 12:10)

물론 위에서 실패와 고난이 오는 이유를 말했지만 실패와 고난에서 합력하여 선을 이룰 수 있다.(롬 8:28)

마귀를 계속하여 대적해야 한다.(벧전 5:9)

낙심하거나 염려하지 말고 기도에 힘써야 한다.(빌 4:6~7)

(8)이기는 삶을 허락하시는 하나님이 되신다.

세상 환경으로 오는 고난도 있다. 나 개인의 고난의 몫이라 하기보다 자연적인 재해도 성도에게도 실패와 고난이 있을 수 있다. 그리고 전염병 같은 질병을 통하여 나에게 실패가 있을 수 있다.

코로나 19 같은 경우에 세계적인 피해가 있다. 또 러시아가 우크라이나에 전쟁을 일으키므로 세계적인 경제가 어려워지게 되는 등 기타 고난을 겪게 된다.

그리고 홍수가 나거나 가뭄이 들게 되면 하나님의 자녀들도 고난을 겪게 된다.

또 주변에 잘못으로 이웃에 사는 성도가 고난을 겪게 된다. 땅 위에 사는 날 동안 이런 고난 저런 고난 등 어려움이 있게 된다.

앞에서도 언급했지만, 마귀는 잠자지 아니하고 하나님의 택한 자라도 미혹하고 공격을 한다.

그리하여 시험 들게 하고 없어지게 하며 실패하게 하며 혼란스럽게 한다.

흔히들 하는 말 중에 어떻게 하나님의 자녀들을 마귀가 시험하고 넘어지게 하는가 부인하기도 한다. 그러나 마귀는 잠자지 아니하고 하나님의 사람들을 시험한다는 것을 알고 있어야 한다. 시험에 들지 아니하며 마귀를 이길 수 있다.(벧전 5:8~9)

마귀는 예수님도 시험하였다.(마4:1~9) 그러나 예수님은 마귀의 시험을 대적하셨고 이기셨다. 우리도 믿음을 굳게 하여 서서 싸워야 한다. (엡 6:10~18)

마귀는 하나님의 자녀라도 시험하여 구원 관을 흔들리게 하고(고후 4:4) 낙심하게 하며 행복한 부분들을 파괴하기도 한다. 그래도 예수그리스도 안에서 하나님의 자녀들은 믿음에 굳게 서서 사단을 대적하는 권한을 주셨다.(벧전 5:9) 싸우게 하시며 하나님이 개입하여 이기게 해주신다.(엡 6:10~18, 요 10:10)

많은 사람 중에 귀신에게 붙들려 고통받는 사람들이 많다고 본다.

귀신은 조상을 과장하여 한 가문을 틀어잡고 저희의 종이 되게 하고 결국 그 영혼마다 지옥으로 끌고 가기도 한다. 그러므로 사람이 예수님 안에서 마귀를 대적하여 자유 안에 산다면 얼마나 더 큰 행복인가.

하나님의 자녀의 사람들이 땅 위에서도 일반적 축복도 받게 된다. 하나님의 자녀로 영적인 축복과 은혜의 조건이 많지만 땅 위에 축복도 크게 받게 된다.

요한3서 2절에 "사랑하는 자여 네 영혼이 잘됨같이 네가 범사에 잘되고 강건하기를 간구하노라" 하셨다.

사람이 세상의 축복도 크지만 보다 더 큰 축복은 하늘의 복이 더 큰 것이다.

그러나 대체로 예수 안에서 형통의 복을 받게 된다. 성경에서 일반축복을 많이 말씀하고 있다.

신명기 28장 전반에는 일반축복을 비중 있게 말씀하고 있다. 아브라함을 가리켜 너는 복의 근원이 될지라(창 12:2) 했다.

아브라함의 후손인 유대인들은 세계 경제 면이나 학술계통이나 과학계를 통해서도 세계에서 1위로 꼽고 있다.

복음을 일찍 받아드려 예수 믿는 나라들은 경제면이나 여러 면으로 앞서고 있다.

대체로 유럽에 있는 국가들이 예수 믿는 나라가 많은 것으로 알고 있다.

칼빈주의 영향을 받은 유럽의 나라들은 대체로 세계 나라들 중에 경제적으로 앞서가는 나라들이다. 더 나아가 십자가 표시로 태극기를 소유한 84개의 나라가 경제적으로 앞서가고 있다.

우리 대한민국이 6.25 사변 이후에 경제로는 말이 아니었다. 그러나 7~80년대를 지나면서 한국에 교회들이 이곳저곳에 세워지며 많은 부흥을 가져왔으며 세계에서 미국 다음으로 선교사를 많이 파송하며 지원하였다. 이때를 즈음하여 나라가 부하여지면서 경제 대국 12위권에 우뚝 서게 되었다. 세계가 주목하는 나라가 되었다.

몇 년간 좌파 정권으로 나라가 많이 위축되었지만, 백성들이 기도 많이 하여 신앙 운동에 주력하게 될 때 경제회복을 기대한다.

예수 믿는 사람들은 당대나 후대들이 축복받는 것을 현실적으로 많이 보게 된다.

우리가 세상 축복을 전제로 하고 예수 믿는 것은 아니지만 하나님의 자녀가 되면 먼저 영적인 복을 받으며 땅 위에서 기타 받는 축복이 많다고 본다.

다시 말하지만 하나님의 자녀로서 많은 혜택이 있지만 땅 위에 축복도 큰 축복 중의 하나이다.

필자는 땅 위에 축복을 간과할 수 없다. 어떤 크리스천은 조상들이 일찍 복음을 받아들여 믿음 생활 잘하므로 그 후손들은 앉아서 열매만 따 먹는 축복을 받아 누리는 사람들이 많이 있다. 필자 같은 경우는 엎어보거나 뒤집어보아도 모든 것이 하나님의 은혜요 축복이 아닐 수 없다. 이것이 내 노력 내 수단이 포함되었다고 볼 수 없다.

항상 필자는 사무엘상 2장 8절을 떠올리게 된다.

빈궁한 자를 거름더미에서 올리사 귀족들과 함께 앉게 하시며 영광의 자리를 차지하게 하시는도다 하셨다.

예수밖에 별 볼 일 없는 사람을 예수 안에서 목사가 되게 하셨으며 개척하여 부산에서 대형교회 가까운 교회로 성장하게 하셨으며 총회 총대로 30년 가까이 파송되어 각 상비 재판국 감사부를 섬기게 되었고 총신대학 운영이사로 12년을 섬기기도 했다.

소년 시절 공부하는 때를 놓쳤지만 후반에 만학하여 고려대학교 학사와 대학원 석사까지 공부할 수 있었으니 축복 중에 하나로 생각한다.

어릴 때부터 문학에 잠재력이 있었던지 시인과 소설과 수필가로 등단하게 되고 저술로는 각종 기타 35권쯤 저술을 하였다.

경성대학교를 비롯한 외래교수 일도 하게 되었다.

아들 둘은 목사가 되고 차자는 외국에서 박사 공부를 하고 있다.

기타 많은 축복을 주셨다. 이 기사를 다른 나의 책에서도 기록한 바 있다. 지금은 원로목사로 긍정적 세월을 보내고 있다. 필자는 간증으로 받은 축복을 어필하지만, 필자보다 더 많은 복을 받은 자들도 많을 것이다. 행여나 교만의 표현이 될까 두렵다.

이처럼 하나님의 자녀들에게 땅 위에 축복도 주신다는 것이다.

우리에게 하나님은 자기 자녀들에게 각종 축복이 들어있는 창고 열쇠를 주셨다. 잘 활용하여 축복을 누리시기를 바란다.

3. 하나님의 자녀들이 받는 축복은

하늘의 상속을 받게 된다. 로마서 8장 17절 "자녀이면 또한 상속자 곧 하나님의 상속자요 그리스도와 함께한 상속자니 우리가 그와 함께 영광을 받기 위하여 고난도 함께 받아야 할 것이니라"

디도서 3장 7절 하반절 "생명의 소망을 따라 상속자가 되게 하려 하심이라" 했다.

성경 여러 곳에서 예수 믿는 사람이 하나님의 자녀이며 상속받는 것을 말하고 있다.

자녀이면 당연히 부모의 상속을 받게 된다.

일반적인 개념으로 성도가 하늘의 상속을 받는다는 개념이 앞서는 것이 아니고 성경에서 말하는 상속 개념은 더 실질적이고 더 분명하며 변함이 없는 상속의 현실이 된다.

하늘에서 하나님의 자녀들이 받는 상속은 상급과 같은 개념으로 보기는 어렵다.

천국에서 상속과 상급은 다르게 보아야 한다고 생각한다.

상속은 천국 자체가 상속이요 하나님이 계신 그곳이 하나님의 자녀들이 이어받을 상속이 된다고 본다.

자식은 부모가 거하는 곳에 같이 머물고 부모가 세상을 떠나게 되면 그 상속을 자녀들이 받게 된다.

그러나 시간의 지배권이 없는 천국에서는 물려준다는 개념보다는 같이 누린다는 상속의 뜻을 보게 된다.

다시 말하지만 시간권 아래 있는 하나님의 자녀들이 천국을 이양받아가면 하나님 나라에서 같이 있게 된다는 것이다.

상급은 하나님의 자녀가 땅 위에서 선한 일에 대하여 상급을 받게 되는 것이다.

상급은 보상 개념으로 그가 한 일에 보상한다는 것이다.

아무튼 하나님의 자녀가 천국의 상속을 받는 것을 말하고 있는 큰 축복 중의 하나이다.

천국의 상속은 하나님의 자녀이므로 받게 되고 그 천국은 땅 위에 자녀들이 부모에게 유산 받는 농토나 가옥이나 동산 기타를 들수 있겠지만 그것은 변질되거나 없어질 수도 있다.

그러나 하나님의 자녀가 천국에서 받는 상속은 쇠하거나 변하거나 없어지지 아니할 뿐 아니라 그 화려함을 말로 다 형언할 수 없는 아름다움을 성경에서 밝히고 있다.

요한계시록 21장 23절 "그 성은 해나 달의 비침이 쓸데없으니 이는 하나님의 영광이 비치고 어린 양이 그 등불이 되심이라" 했고, 계시록 21장 19~20절 "그 성의 성곽의 기초석은 각색 보석으로 꾸몄는데 첫째 기초석은 벽옥이요 둘째는 남 보석이요 셋째는 옥수요 넷째는 녹 보석이요 다섯째는 홍마노요 여섯째는 홍보석이요 일곱째는 황옥이요 여덟째는 녹 옥이요 아홉째는 담황옥이요 열째는 비취옥이요 열한째는 청옥이요 열두째는 자수정이라 그 열

64

두 문은 열두 진주니 각 문마다 한 개의 진주로 되어 있고 성의 길은 맑은 유리 같은 정금이더라"

우리가 천국의 아름다움을 보석 정도로 표현했는데 그 보석들보다 더 아름다움을 말하고 있다.

하나님의 자녀들의 천국 생활은 하나님의 영광의 빛가운데 살게 되며(계 21:23)

눈물이 없고 사망이 없고 애통하는 것이나 곡하는 것이나 아픈 것이 있지 아니하리니(계 23:4) 다시는 저주가 없으며(계 22:3) 수고를 그치고 쉬게 됨(계 14:13)

하나님의 자녀가 받는 축복의 조건은 심판대에 서지 아니하고 천국에 바로 가게 된다.

요한계시록 20장 11~15절까지 해석이 바로 되어야 할 줄 안다.

이 말씀 중에 심판의 보좌 앞에 두 책이 등용된다.

한 책은 생명의 책이며 또 한 책은 행위의 책으로 심판의 책이었다.

생명의 책은 구원받은 자들의 면죄부가 되는 것이며 행위의 책은 그 행위의 여부에 따라 심판을 받게 되는 것을 말하고 있다.

여기에서 알고 가야 할 것이 있다.

보편적으로는 예수를 믿든지 아니 믿든지 또 악한 자나 도덕적인 사람이든지 죽어 심판대 앞에 서게 되어 예수 믿는 사람들은 예수님의 피의 공로로 천국으로 세움이 되고 남은 사람들은 심판을 받아 지옥에 갈 사람이 있고 지옥에 가지 아니할 사람이 있다고 주장하는 사람들이 있다.

다음 예수님의 피 공로로 구원받는 자 외에는 지옥의 등급 차이에 적응되는 심판을 받는다고 하는 사람도 있다. 이것은 죽음 이후의 상황이기 때문에 무엇이 이렇다 단정 짓기가 어렵다.

필자도 세 가지 다 정답이라고 말하기 어렵다.

1번의 문제점은 예수 믿는 사람이 심판까지 가서 예수님의 피 공로로 천국행 방향으로 선다는 것은 쉽게 받아들여지지 않는다. 물론 보편적으로 이 관념 즉 학술을 받아들이고 있다.

더 믿음적인 입장에서 사람이 예수 믿고 죄 사함 받았으며 중생하여 하나님의 아들이 되었는데 심판대 앞에 선다는 것은 형이상학적으로도 맞지 아니하며 성경적으로 맞지 않는 지론으로 생각된다.

성경 요한복음 5장 24절 "내가 진실로 진실로 너희에게 이르노니 내 말을 듣고 또 나 보내신 이를 믿는 자는 영생을 얻었고 심판에 이르지 아니하나니 사망에서 생명으로 옮겼느니라" 했다.

요한복음 3장 18절에서도 "그를 믿는 자는 심판을 받지 아니하는 것이요 믿지 아니하는 자는 하나님 독생자의 이름을 믿지 아니하므로 벌써 심판을 받은 것이니라" 했다.

골로새서 1장 13절 "그가 우리를 흑암의 권세에서 건져내사 그의 사랑 아들의 나라로 옮기셨으니" 했다.

예수 믿고 하나님의 자녀가 된 사람들은 죽어서 심판대 과정이 아니라 천군 천사 호위받으며 하나님의 환영으로 천국에 입성이 되는 것이다.

심판이 아니라 그 일상생활에 행위의 계산이 되는데 계시록 14장 13절 하반절에 "이는 그들의 행한 일이 따름이라 하시더라" 했다.

디모데후서 4장 8절 "이제 후로는 나를 위하여 의의 면류관이 예비되었으므로 주 곧 의로우신 재판장이 그날에 내게 주실 것이며", 또 야고보서 1장 12절 하반절에 "주께서 자기를 사랑하는 자들에게 약속하신 생명의 면류관을 얻을 것이기 때문이라" 했다.

천국에 가서 구원적 심판이 있다면 하나님의 아들로 자신감이 많이 없어질 것이다.

다시 말하지만 하늘나라 하나님의 자녀들에게 상급의 심판인 것을 깊이 인식해야 한다고 본다. (딤후 4:8)

2번의 해석은 심판받아서 히틀러나 악명높은 사람들은 지옥으로 물론 가게 되고 공자와 같이 성인으로 불리는 사람들은 지옥 간다는 것은 너무 불공평하지 아니하느냐 이런 논리를 내세우는 사람들도 있다. 통합 교단에서 원로목사가 된 분이신데 연세가 많으신데도 불구하고 유튜브 방송 설교를 하시고 또 특강도 많이 다니시는 훌륭하신 목사님이시다. 필자도 그 목사님의 설교를 많이 들으며 존경하는 목사님이시다.

그분 말씀 중에 어느 신학대학교에서 특강을 가셨는데 학생 중의 한 사람이 이 목사님께 질문하였다.

그 질문 내용은 평생을 선하게 살아온 사람은 지옥을 간다는 것은 너무나 불공평한 것이 아닌가요, 그때 목사님의 답변은 성경 계시록 20장 11절 이하로 답변을 하셨다.

이 말씀의 해석으로 선한 사람들은 지옥 가지 않는다는 답변으로 듣게 되었다. (그 목사님의 의도나 필자가 잘못 들을 수도 있을 수 있다. 그러나 혹 다른 분들도 그 목사님의 유튜브 강의를 들은 줄 안다. 그래서 이름을 밝히지는 않는다)

공자나 선한 사람들도 지옥 가지 아니하고 바꿔서 말하면 천국 간다면 예수님이 십자가에서 돌아가실 이유가 없는 것으로 사료가 된다.

디도서 3장 5절 "우리를 구원하시되 우리가 행한 바 의로운 행위로 말미암지 아니하고 오직 그의 긍휼하심을 따라 중생의 씻음과 성령의 새롭게 하심으로 하셨나니" 하셨으며, 사도행전 4장 12절 "다른 이로써는 구원을 받을 수 없나니 천하 사람 중에 구원을 받을 만한 다른 이름을 우리에게 주신 일이 없음이라" 했다.

선하여 지옥형벌을 면한다는 성경구절이 없고 무엇보다 사람이 아무리 착하게 살았다해도 태어날 때부터 원죄를 가지고 태어났는데(시 51:5, 롬 3:23)선하여 지옥을 면한다고 쉽게 말하기 어렵다고 생각이 된다. 요한계시록 20장 11~15절 해석은 구원과 죄의 정도 차이와 사망의 심판을 말하는 것 아닌가.

어느 목사님은 신학대학 원장까지 지내신 학자 목사님이시다. 그 목사님은 천국과 지옥을 보고 왔다는 간증 책을 내기도 하셨다. 그분 이야기 중에 지옥도 차이가 있고 층별이 있더라는 것을 말하였다.

혹, 이 목사님 말이 타당성이 있다고 말할 수 있지 않겠는가. 전자의 목사님은 선행으로 지옥을 면하게 되었다는 말보다 지옥을 가는데 극심한 지옥에 가지 않는 것만 해도 다행이 아닌가 생각할 수 있다.

3번의 이론은 성령 역사의 중생으로 땅 위에서 하나님의 자녀가 된 사람들은 천국 직행하게 되고 그가 행한 대로 상을 받게 된다. (계 14:13)

다시 말하지만 구원이 천국 심판대에서 구원이 결정되는 것은 아닌 것을 앞에서 밝혔다.

땅 위에서 하나님의 자녀가 되고 구원이 결정된다고 역시 말하고 싶다.

(요 5:24, 3:18, 골 1:13)

마지막 때에 천국 가는 것이 행복이다.

사람이 하나님의 자녀로서 천국 가는 행복이 제일 큰 행복이다.

제 5 장

예수님을 자기의 보배로
삼는 자는 행복하다

이미 다른 장에서 예수는 행복의 마스터로 예수님이 우리 인간에게 행복의 영향력이 된 것을 많이 어필했다.

본 장에서는 행복의 플러스 즉 마스터를 종합적 결론을 말하고자 한다.

단적으로 말하면 예수님 자신이 실패했거나 또 인간에게 실패를 주거나 그 영향을 준 적이 없다. 역시 인간에게 절망이나 불행을 미친 적이 없다. 예수님이 인간에게 주신 것 중 제일 큰 것은 사랑이시다. 인간을 위하여 자신이 십자가에서 죽는 사랑을 실천하신 것이다. 예수님의 십자가에 죽으심을 여러 가지 변명하며 변론하지만, 그 답의 결론은 인간을 사랑해서 죽으신 것이다.(엡 2:4, 롬 4:25)

흔히들 예수님은 당시 대제사장이나 종교지도자들의 갈등으로 로마 정권과 결탁하여 예수를 죽게 하였다고 말하기도 한다. 예수님이 어떻게 죽는 것보다 예수님은 구약성경의 예언에 따라 죽은 것이요(요 12:29, 19:30, 사 53:5~6. 벧전 2:24) 죄인들을 불쌍히 여겨 죽으신 것이다.(엡 2:4)

결코 예수님이 연약해서 죽으신 것이 아니라 지옥 가는 영혼들을 구원하시기 위해서 죽으신 것이다.

예수님이 죽으심은 정치적으로나 전쟁으로 죽으신 것이 아니라 지옥 가는 한 영혼 구원하기 위해 죽으신 것이다. 다시 말하지만, 예수님의 죽으심이 지옥 가는 영혼을 구원하는 행위이다.

예수님의 사랑을 여러 가지로 십자가에 죽으심 외 더 말할 것이 많겠지만 하나님의 사랑의 핵심은 예수그리스도께서 죽으심이라. (요 3:16)

예수님이 인간에게 주신 사랑은 세상에서 찾아볼 수 없는 사랑이다. 어머니 사랑이 크지만, 하나님의 그림자에 불과한 것이다.

어머니 사랑이 크다고 하나 한계가 오면 그 한계를 극복하지 못한다고 본다.(사 49:15)

또 예수님은 화평과 평강을 주시는 분이시다. 예수님은 화평의 본질이시며 그 기능이시다.

예수님은 화평을 위하여 세상에 오셨고 희생이 되기도 하셨다. (엡 2:14)

또 평강을 주시기도 하신 분이시다 평강은 기쁨이 되기도 한다. 이 세상을 사는 많은 사람은 갈등과 근심과 염려와 두려움 등의 고통을 겪으면서 살아간다. 예수님은 너희 염려를 주께 맡기라(빌 4:6). 수고하고 무거운 짐 진 자들아 다 내게로 오라 내가 너희를 쉬게 하리라(마 11:28). 또 희망과 소망을 주시는 분이시다. 마귀는 절망을 주지만 예수는 소망을 주신다. 내세에 영생을 주시며 미래 유익을 주시는 분이시다.

그래서 기독교를 플러스 종교라고 한다. 모든 것을 더하게 하신다.

기독교 상징의 표시는 십자가이다. 십자가는 원래 플러스로 표현한다. 십자가는 죄를 삭제하는 마이너스이지만 모든 은혜와 모든 축복 모든 미래 모든 경제 모든 부는 십자가 플러스에 있다고 본다. 십자가는 인류에게 주는 의미가 매우 크다고 본다.

십자가는 구원의 상징이 될 뿐 아니라 모든 것에 플러스가 되고 또 평화와 안전의 상징이 되기도 한다. 많은 나라가 십자가를 표시하는 국가가 많은데 (확실치는 않지만 84개 국가가 십자가 표시가 되고 있다고 한다.)

그런데 대충 십자가 표시한 국가들이 선진국 대열에 서 있다고 한다. 역시 기독교 복음을 받아드리고 십자가를 내세우는 나라마다 복을 받는 것이 사실이다. 예수 십자가 관계된 국가나 개인이 복을 받게 된다. 사실 부나 경제만 플러스가 되겠는가 헷갈릴 수 없는 많은 것이 플러스가 된다고 본다.

제일 중요한 것이 영혼 구원의 은혜요 또 어두움에서 빛이요 영적인 자유이며 죄와 사망에서 자유이며(요 8:32). 영적인 생명이 풍성함이다(요 10:10)

여러 가지 세상 염려와 걱정에서 기쁨을 가지는 것이다(요 15:11).

이러한 것들이 필자가 작가적인 차원에서 작품을 만들어 쓴 것이 아니고 사실적인 것을 소개하는데 불과한 것이다. 구약성경, 신약성경에서 다 나타내고 있다.

창세기 1장 2절에 땅이 혼돈하고 공허하며 흑암이 깊으면 위에 있고 하나님의 영은 물 위에 운행하니라 했다.

이것은 불안정 상태를 안정되게 하신다는 말이다. 그리고 하나님의 천지 창조가 생산적이고 플러스적이다.(창 1:28)

하나님께 바른 제사와 순종이 그리고 믿음이 행복한 질과 플러스적인 계산이 된다.

에스겔서 37장 1절~ 골짜기 마른 뼈들이 하나님의 말씀 앞에서 생기를 얻어 큰 군대가 되었다.

구약에 많은 부분이 기적의 사건들을 나타내 보이고 있다. 다 긍정적이고 플러스적이다.

신약시대에 와서 예수님 자신이 플러스적이고 생산적이며 기적의 마스터가 되신다.

예수님이 굶주린 청중 앞에서 배부르게 먹을 것이 제공되었다. (요 6:1~6)

나사로가 죽었다. 이때 나사로의 자매들도 슬퍼했으며 온 마을이 슬퍼했다. 그러나 예수님은 사망의 현장 앞에서 믿으면 영광을 보리라 하시더니 죽은 나사로를 살리셨다.

결국 예수님은 사망의 현장에서 생명을 이루시고 보이신 것이다. (요 11:24~45)

많은 병자들이 병중에서 고통받을 때에 예수는 고쳐주시는 치료자가 되었다. 대표적으로 38년 동안 병중에 고생하는 환자를 고쳐 치료의 현장 즉 회복의 현장을 만드셨다. (요 5:1~8)

이것이 주님께 플러스가 되었다는 것이다.

그 외에도 귀신에게 매인 자를 해방시켜주며 치료해 주신 것이 행복이요 마스터가 되신 것이다.

오늘 우리에게 전반적으로 예수님이 플러스가 되고 행복의 마스터가 된 것이다.

예수님이 죽은 자 가운데서 다시 살아난 것이 어떤 그 무엇보다 더 최대의 플러스요 행복의 마스터가 된 것이다.

예수님이 죽었다가 사흘 만에 다시 살아났다는 것이 긍정이요 희망이요 영생이 되신다.

보통사람은 죽었다가 혹 살 수 있었다고 해도 곧 죽고 말았다. 그러나 예수님은 죽었다가 사흘 만에 다시 살아나셔서 40일 동안 땅 위에 계셨고 많은 사람이 보는 가운데 승천하셨다(행 1:11). 다시 말하지만, 예수님의 부활 사건이 인간세계에서 긍정이요 예수님 자신의 부활이 기독교의 긍정이다.

예수님의 부활이 역사적 사실이냐 아니냐 이미 역사적인 사실로 인류가 평가하고 있고 사실 평가의 중요성보다 예수님 부활에서 그 당시에 예수님 제자들의 체험과 그때 상황이 지금 예수 믿는 기독교인들의 체험담을 동질 하게 가진다면 예수님 부활 역사적 조사가 그렇게 중요하다고 보지 않는다.

예수님이 부활했을 그 당시에 제자들이 체험했던 그 사실이 오늘날 예수 믿는 사람들이 경험한 동질감의 체험이 실현되고 있다.

요한복음 20장 19절에서 28절 사이에 예수님께서 죽은 자 가운데서 부활하셔서 제자들에게 대체로 세 가지 이상을 주신 것을 보게 된다.

첫째는 평강을 주신 것이다.

본문 19절과 21절 26절 세 번이나 말씀하셨다. 제자들은 예수님께서 다시 살아나셨다는 소문은 들었지만 당시의 로마 군인들의 공포가 불안해서 어느 골방에서 문을 잠그고 숨어있을 때 부활하신 주님은 그들에게 나타나셔서 평강을 주셨다.

주님께서 나타나셔서 평강을 주심으로

(1) 두려움이 물러가게 되었다. 두려움은 평강의 반대되는 대적이다. 마치 빛이 찾아오게 되면 어두움이 물러가듯이 주님의 평강이 임하게 되면 두려움은 물러가게 되었다.

인간은 범죄자요 또 연약한 자요. 추격을 받는 자들로 항상 불안과 두려움 가운데서 살아가고 있다. 그러나 하나님이 인생을 찾아 왔을 때 평강의 은혜를 가지게 된다.

불안에 있던 예수님의 제자들에게 죽음을 이기신 평강의 왕이신 예수님이 너희에게 평강이 있을지어다 오늘도 우리에게 이 은혜를 누리고 있다면 예수님의 부활의 역사의 여부는 스스로 해결이 된다고 본다.

(2) 평강의 왕으로 오신 주님으로 말미암아 자유스러워졌다.

제자들은 골방에 스스로 가두어져 있었는데 평강의 예수님이 찾아오심으로 방문을 박차고 밖에 자유롭게 활보할 수 있었다.

이것이 은혜로 본다. 지금 예수 믿는 우리가 어떤 어두움의 골방에 갇혀있지 않고 영적으로 자유롭다면 예수님의 제자들이 예수님 부활의 현장에 동참 된 것같이 현재 우리도 제자들과 동질감을 가지고 있다.

(3)평강의 주님이 오시므로 제자들은 승리의 노래를 부를 수가 있었다.

죽음을 이기시고 부활하신 주님께서 제자들에게 나타나시고 평강을 주시므로 제자들은 승리의 노래를 부를 수가 있었다.

오늘도 예수 믿는 사람들이 부활하신 주님의 평강으로 승리와 담대함을 가지는 것이 부활의 역사도 해명도 스스로 되게 된다.

둘째는 성령을 주셨다. 본문 22절에 이 말씀을 하시고 그들을 향하여 숨을 내쉬며 이르시되 성령을 받으라 하셨다. 예수님은 부활하셔서 둘째는 성령을 주셨다. 성령님은 하나님의 한위요 한 인격이시다. 예수님의 제자들은 부활하신 주님을 만날 뿐 아니라 또 성령을 허락받게 되었다. 오늘의 예수 믿는 사람이면 부활이 신앙을 가지면서 평강의 은혜와 성령의 선물을 받아가져야 한다.

하나님의 나라는 말에 있지 아니하고 오직 능력의 믿음이라 했고(고전 4:20), 성령은 영적인 생명이요 또 힘이며 권능이 되신다. 그러므로 예수 믿으며 부활의 새 생명과 또 평강이며 성령의 은혜의 사람이 되어야 한다.

오늘 우리가 신앙생활 하면서 예수님의 부활과 얼마나 관계를 맺으며 평강의 삶과 성령의 충만한 삶을 사는가 검토할 필요가 있다고 본다.

셋째는 부활하신 예수님은 믿음을 주셨다. 본문 29절 하반절 너는 나를 본고로 믿느냐 보지 못하고 믿는 자들이 복되도다 하시니라 하셨다. 예수님 부활 자체가 믿음의 근거가 되며 또 창을 맞은 창자국과 손에 못 자국이 믿음의 근거가 되며(요 20:20) 또 성령의 선물이 믿음의 능력이 되신다.(22절) 그리고 말씀이 믿음의 근거가 되는 것이다.

예수님은 부활하신 후에 여러 모습의 증거를 보이실 뿐 아니라 많은 말씀도 하셨다.

예수님의 말씀을 기록하여 많은 사람을 믿게 하기 위하심이라 하셨다(30절)

우리 기독교는 많은 사람에게 믿을만한 증거를 차고 넘치게 나타내 보이고 있다.

기록이면 기록, 표적이면 표적 등 개인이 체험 등 또 역사적 사건 등 그리고 기적의 증거 등이다. 예를 들면 여리고 성이 무너진 것이 전설적인 이야기로 전하여져 내려온 것이 아니고 현재 현장에 돌이 돌 위에 첩첩이 놓이지 않는 상태로 보이고 있다. 역시 예수님의 부활의 현재 빈 무덤 등 홍해를 육지처럼 건넌 이스라엘 백성의 역사적 사건 등이며 지금도 지구촌에서 하나님의 역사와 개인 체험들이 드러나고 있다.

혹 사울이 바울로 바뀌는 장면들도 드러나고 있다. 무엇보다 더 분명하고 확실한 것은 예수님의 부활 사건의 사실이다. 역사적이면 역사적인 사건이며 현재적이면 현재적 일로 예수님의 제자들이 받았던 체험을 우리가 받고 있다.

지금도 성경의 기록과 성령님의 역사로 그리고 개인 등이 체험하는 은혜 등이 믿을 만한 근거가 되고 있다.

그러나 하나님을 믿을만한 확실한 증거들을 넘치도록 전하여져도 하나님을 믿는 사람들은 너무 적고 혹 교회를 나가고 믿는다고 해도 믿음이 너무 불확실하고 미약하다.

믿음이 보배인데 예수를 믿을만한 믿음만 확실하면 예수님 그분 자신이 행복의 마스터가 되어 모든 축복이 예수 믿는 믿음 안에 있는 것이다.

이미 다른 장에서 많이 설명하고 있다. 그러면 우리의 문제점이 어디 있는가 생각해보아야 한다.

흔히들 믿음의 본질에서 떠나 지엽적이고 비방법인 성경의 지식과 믿음을 가지고 신앙생활을 해가는 사람들이 많다.

예를 들면 마태복음 13장 44절의 예수님 비유에서 보화가 감추인 밭에서 이 밭의 가치는 곡식의 소출보다 감추인 보화가 가치이다.

예수 믿는 사람들이 밭에 감추인 보화가 귀하듯이 예수의 가치 믿음의 가치는 영혼 구원과 영생의 하늘 보화가 귀하고 귀한 것이다.

그런데 많은 교인들이 천국 보화 영생 복락의 가치보다 세상의 지엽적이고 부분적인 것에 신앙의 한계를 가지고 일반 종교인처럼 땅의 것이 조금 잘 안되면 낙심하고 실망한다. 우리는 하늘 보화의 믿음 전제가 되어야 한다.

다음은 마태복음 14장 22~36절에 예수님의 제자들이 갈릴리를 항해하는 중에 풍랑을 만나 죽음의 임박 성을 가질 무렵에 제자들은 파도만 보고 탄식했다. 그러나 파도를 타고 오시는 주님을 보지 못하고 오히려 유령을 보았다. 오늘날 이러한 신앙의 수준을 가진 사람들이 많다고 본다.

신앙인들이 곤고한때나 형통할 때나 하나님의 말씀이 또 하나님 그분이 믿음의 대상자가 되어야 한다.

우리 삶의 현장에 부활하신 예수님이나 말씀이 등장이 되어야 한다. 믿는다고 하면서 현장 상황만 자기의 어떤 입장만 내세우게 되면 신앙의 모습이 아니며 일반 종교인의 같은 모양만 나타내는 것이다.

제 6 장

예수 안에서 자기 자신이 사랑받는 대상으로 인지하는 사람이 행복하다.

세상에서 비중 있는 가치 평가할만한 것들을 많이 들 수 있을 것이다. 그 어느 무엇보다 사랑에 비교할 수 있을까. 어느 사회든지 사랑이 팽창하고 지배하는 사회라면 행복한 사회가 될 것이다. 어느 사회든지 사랑이 결핍한 사회인 것을 부인할 수 없는 현실이다. 요즘 이 사회에 정말 필요한 것이 사랑이다.

자녀들에게는 어머니 아버지 사랑이 필요하다. 또 부부의 사랑이 진정 필요한 것이다. 서로 사랑을 조건으로 결혼했는데 사랑을 실천하지 못하고 별거하거나 이혼하는 경우가 많다. 사회 전반에 가족뿐 아니라 모두에게 사람이 필요로 하고 있다. 이 지구의 제일 큰 에너지는 사랑이라고 볼 수 있다.

사랑은 주는 사랑이 있고 받는 사랑이 있다. 그런데 사랑을 주지는 아니하면서 받고자 하는 사람이 있다. 여기에는 항상 트러블이 일어나게 마련이다. 또 사랑하는 자가 있고 계속 사랑하는데 이것을 알지 못하고 받아들이지 못하는 사람도 있다. 이것 역시 큰 결함이다.

필자의 부끄러운 과거 이야기를 잠깐 언급하고 지나가고 싶다.

필자는 다른 책에서도 약간 언급했지만 두 살 때 아버지와 헤어졌고 어머니는 4살 때에 헤어졌다. 그 결과 어린 나이에 어머니 그리움이 지나쳐 마음의 상처가 남아있어 보고 싶은 대상이 아니라 보기 싫은 대상이 되어 많은 세월을 지나서도 어머니에 대한 관심과 그리움의 감정이 없어 결국 어머니가 세상 떠난 후에야 반성하며 회개하였다.

어머니와 헤어진 후에 무기력의 인지 상실증이 걸려 세 살 때 일은 거의 기억을 했는데 네 살부터 여섯 살 초반까지는 기억되는 것이 전혀 없어졌다. 그리고 여섯 살 때 후반에 기억되는 것은 윗옷자락을 항상 씹는 행동이 있어 큰아버지께 야단맞은 기억만 남게 되었다.

그렇다 하여 어머니가 나를 사랑하지 아니한 것도 아니었고 사람들도 나를 사랑하지 아니한 것은 아니었는데 어머니 사랑을 용납하거나 교류한 것이 아니었다. 여기에 문제를 들 수 있는 것이다. 사랑하면서 행복해야 한다. 이것이 부모의 사랑이요 할아버지 할머니의 사랑이다. 자식이나 손자들이 그저 사랑스러운 것이다.

세상 인간관계 사랑도 얼마나 큰 것인가. 가정이나 이웃에게나 사랑이 전제되면 행복을 서로 노래하게 되는 것이다. 사랑이 인간 최대 윤활유가 될 것이다. 사랑은 받는 것도 좋지만 주는 사랑도 행복의 근원이 된다. 우리가 먼저 생각할 것은 내가 먼저 사랑하는 것이다. 누구나 모두 사랑의 빚진 것이 사실이다. 내가 먼저 사랑의 보급자가 되어야 한다. 여기에 행복이 싹트게 된다.

그러나 더 분명한 것은 내가 사랑받는 대상이라는 것을 분명히 알아야 한다. 내가 무엇보다 사랑받는 대상이라는 것이 발견되었을 때 큰 혁명이 일어날 일이라고 볼 수 있다. 어머니 사랑을 제대로 발견한 자식은 부모에게 효도할 것이요 자신이 행복해할 것이다.

세상적인 사랑은 일반적 사랑의 수준으로 상대가 나를 사랑하니 나도 사랑한다. 나 자신이 실력이 있으니 상대가 나를 사랑한다. 또 내가 가진 것이 있으니 주변과 사랑의 교류가 된다고 생각할 수 있을 것이다. 진정한 사랑은 나는 사랑의 자격을 갖추지 못하였는데도 사랑받는 자라는 사실을 발견할 때에 그의 심령에 충격과 역명의 스파크(spark)가 일어날 것이다.

다시 말하지만 내가 사랑을 해야 하고 또 사랑을 지켜야만 하는 사랑이 의무화만 되는 일반적 개념만 가졌는데 즉 내가 사랑할 수 없는데 내가 사랑을 받는 존재가 되었을 때 충격과 함께 큰 감동으로 행복을 노래할 것이다.

한 예를 들면 전해 내려오는 이야기인데 결혼하여 중병이 들어 고생하는 남편을 요양하는 부인이 있었다. 남편이 병이 들어 수발하다 보니 재산도 탕진되고 육체적으로도 너무 힘이 들어 많은 갈등이 생겨 병든 남편을 버리고 곁에서 떠나느냐 고민하고 있을 때 하루는 우물가에서 곡식을 씻는데 어디서 도마뱀이 나타나더니 물에 떠내려가는 보리쌀 하나를 물고 먹지 아니하고 사라지더라는 것이었다. 다음 날 아침에도 그래서 이 부인이 따라가서 보니 다른 한곳에 다른 도마뱀이 가시에 찔려 있어 움직이지 못하는 수놈에게 먹을 것을 물고 와서 먹이는 것을 보고 이 부인이 큰 충격을 받았다. 말 못하는 미생물이라도 자기의 병든 배우자를 봉양하는 모습을 보고 자신의 마음을 다잡고 자기는 만물의 영장인데 병든 남편을 잘 봉양해야 하겠다 하고 그 남편을 잘 요양하므로 그 남편에게는 아내의 사랑을 받으므로 남편은 사랑을 크게 느끼게 되었다.

남편이 조건적으로 아내를 상호적 사랑한다 볼 수 없는데 아내는 조건 없는 사랑으로 남편을 사랑하므로 남편에게 큰 사랑이 아닐 수 없었던 것이다.

어머니가 자식에게 사랑하는 것은 비중 있는 큰 사랑이다. 부모의 사랑은 조건 없는 사랑이다. 또 부모 사랑은 희생적 사랑이다. 자기 고통을 겪어가면서 헌신하면서 사랑하는 큰 사랑으로 본다. 역시 자식이 보답할 수도 없고 모두 못한 것뿐인데도 부모는 사랑하는 이것이 큰 사랑이라 말할 수 있다. 자식에게 어떤 결함이 있고 장애가 있는데도 부모는 그 자식을 끝까지 사랑하는 큰 사랑이다. 부모의 사랑에서 하나님의 사랑의 그림자를 보게 된다. 하나님의 사랑은 부모의 사랑보다 더 넓고 더 크고 높고 더 깊은 사랑이시다.

성경에 대표적인 말씀은 이사야 49장 15절 "여인이 어찌 그 젖 먹는 자식을 잊겠으며 자기 태에서 난 아들을 긍휼히 여기지 않겠느냐 그들은 혹시 잊을지라도 나는 너를 잊지 아니할 것이라"했고, 시편 27편 10절 "내 부모는 나를 버렸으나 여호와는 나를 영접하시리이다" 하셨다. 하나님은 그 온 중심이 사랑이시다.

하나님은 옆에서도 사랑이시고 앞에서도 사랑이시며 아래나 뒤에도 사랑이시다. 하나님의 많은 속성 중에 이를테면 영원하심과 거룩하심과 전능하심과 전지하심 등 많은 하나님의 속성과 인격에서 제일 중심이 되시고 전제가 되는 것이 사랑이다. 하나님의 사랑은 이 지구보다 더 크시다. 인간이 하나님의 사랑을 다 몰라도 하나님은 지구촌 전반에 사랑을 펼쳤고 영적인 세계에서도 사랑을 펼치고 계신다. 바울은 에베소교회에 하나님의 사랑에 대하여 그 너비와 길이와 높이와 깊이가 어떠함을 깨달아 하나님의 모든 충만하신 것으로 너희에게 충만하게 하시기를 구하노라 했다.(에베소서 3장 19절) 죄인의 구원이 하나님의 사랑에 기인하여 인간을 불쌍히 여겨 사랑이 동하여 구원하신 것이다.

에베소서 2장 4~5절 "긍휼이 풍성하신 하나님이 우리를 사랑하신 그 큰 사랑을 인하여 허물로 죽은 우리를 그리스도와 함께 살리셨고 (너희는 은혜로 구원을 받은 것이라)" 했다.

죄인인 우리가 구원의 결정적 결합은 예수님의 사랑이 성화된 것이다.

성경의 전반이 하나님의 사랑이시다. 어떤 조건으로도 사람의 행위로 구원이 보장되는 것은 아니다. 죄인을 구원하는 동기도 하나님의 사랑이요(마1:18), 인간 구원의 행위도 하나님의 사랑이다. (요 19:30)

구원의 결론적 보장도 하나님의 사랑이시다.(롬 4:25, 행 4:12)

하나님의 사랑은 차별이 없는 것이다. 하나님의 사랑은 희생적 사랑이시다. 하나님은 인간이 죄인인데도 더 사랑하신 것이다. 예수님은 바리새인이나 의롭다고 자처하는 사람들과 앞서 어울리거나 용납하신 것이 아니고 오히려 세리들과 음식을 나누시고 용납하셨다.(눅 15:1~7) 또 요한복음 8장 1~11절 내용에 현장에서 간음한 여자를 잡자 주변 사람들이 돌을 들어 치려고 하기까지 정죄하는 자들이 있었는데도 불구하고 예수님은 나도 너를 정죄하지 않는다고 하셨다. 예수님은 죄인들도 용납하시고 사랑하신 분이시다. 또 결함이 많고 사랑받을 수 없는 자인데도 사랑하시는 하나님이시다.

정신장애 1급을 받은 딸의 어머니가 모 방송국에 나와 이야기하는 것을 들었다. 그의 딸이 어릴 때는 몰랐는데 자라가면서 성장 발달이 느리고 이상하여 병원에 가서 검진을 받았는데 결과는 정신 1급 장애 판정을 받았다. 그때 하늘이 무너지는 큰 충격을 받았다고 했다. 그러나 다시 마음을 가다듬고 생각을 바꾸게 되었다. 그때 그

딸이 더 불쌍히 여겨지면서 더 애정이 깊어지더라는 것을 말하였다. 그날 이후로는 아이의 눈동자이며 행동이며 모든 것이 그렇게 애정이 깊어지더라는 말을 하였다. 이것이 하나님의 사랑이 아닌가 생각이 된다. 하나님의 사랑은 인간이 못났는데도 불구하고 또 죄인인데도 불구하고 그 사랑이 변함없이 끝까지 사랑하신다.

앞에서도 말했지만, 성경 신, 구약 전반에서 하나님의 사랑이 표현되고 있다. 특별히 요한 1, 2, 3 서에서는 하나님의 사랑이 일관되고 있다.

여기서 사랑의 본질과 사랑의 기능을 말하고 있다. 사랑이 영생의 뿌리가 되며 사랑의 기능이 두려움을 내어쫓으며 구원의 보장이 되는 것을 말하고 있다.(요일 4:17~18) 죄인인 인간이 하나님의 사랑을 받아들이며 그를 믿으면 구원을 얻는 것이다.

요한복음 3장 16절 "하나님이 세상을 이처럼 사랑하사 독생자를 주셨으니 이는 그를 믿는 자마다 멸망하지 않고 영생을 얻게 하려 하심이라" 하셨다.

덧붙여 말하고 싶은 것은 우리 인간의 행위로 1만%의 구원이 있는 것이 아니고 하나님과 예수님이 사랑의 그 행위가 우리를 구원하신 것이다.

하나님의 사랑은 말만하거나 어떤 선언만 한정된 것이 아니고 고통의 희생 십자가를 지신 사랑이시다.

우리가 이 사실을 인정하고 받아들이며 믿기만 하며 또 입으로 시인하면 구원을 얻게 된다.(요 1:12, 롬 10:10, 롬 1:16~17)

죄인 된 인간이 하나님의 사랑의 매체로 구원 관의 보장인데 여기에 각자 관념적 차이들이 있다.

어떤 사람의 관념은 지식적인 공식으로만 성경 구절 몇 절로 구원 관의 지식을 가진 사람이 있고 또 다른 관념은 공식적인 지식마저도 회의를 가진 사람이 있다.

다음 관념의 사람은 공식적인 말씀을 지식적으로 가질 뿐 아니라 하나님의 사랑이 마음에 동화하면서 약속들이 능력으로 동화하기도 한다.

그러므로 많은 교인 중에 성경 말씀을 많이 알며 암송도 한다. 그리고 교리도 많이 알고 구원공식도 잘 안다.

그러나 아쉬운 것은 지식적으로는 많이 아는데 그 하나님의 말씀이나 하나님의 사랑이 가슴과 마음에는 깊은 인지와 뜨거움이 없으며 능력이 없으며 구원 얻은 감격이 없어 머리 교인은 되는데 가슴 교인은 많이 되지 못하고 있다는 것이다.

예수님은 살 찢고 희생한 그 큰 사랑인데 그 사랑이 내 가슴에 접촉되면 내 가슴이 뜨거워질 것인데 어떤 이유인지 하나님의 사랑이 내 가슴에서 냉랭한지 마음의 문이 굳게 닫혀서인지 본래부터 돌과 같이 굳은 마음인지 가슴마다 하나님의 사랑이 작용하지 못하니 신앙기능 잃어버리고 구원마저도 회의를 가지는 것이다.

예수를 오래 믿었다 해도 구원 얻은 공식의 지식마저도 회의를 가지고 살아가고 있다.

구원의 공식이 예수님이 십자가에 죽으신 자체가 우리의 구원이시다.

우리의 구원의 간판은 예수님 죽기까지 한사랑이시다. 다른 종교에서는 자기의 행위가 전제되는 것이다. 그러나 거기에는 대속이 없고 속죄의 죄 사하는 본질이 없는 것이다.

기독교는 의식의 어떤 형식보다 예수님의 공로 힘입고 하나님께 나아가는 것이다.

이방인의 종교 행위는 제물들을 자기가 만들고 제사를 드린다. 그러나 기독교는 사람이 제물을 마련한 것이 아니라 이미 하나님께서 제물을 마련하셨다. 그것이 예수 그리스도의 희생의 제물이시다. (요 1:29)

기독교는 죄인인 인간을 위하여 구원의 조건 제물을 마련하시되 하나님은 독생자를 보내셨고 그 아들 예수님은 십자가에서 희생으로 돌아가셨다. 이것이 사랑이시다. 그런고로 앞에서 말했지만 하나님의 구원역사나 사랑의 표현이나 말씀이 근성 적인 지식만 가지고 있지 말고 예수님이 행하신 사랑의 실천이나 그의 말씀이 레마가 되어 교인들의 마음의 불덩어리가 되어 뜨거운 가슴이 되어 뜨거운 신앙이 되어야 한다. 머리로 수많은 지식의 논리보다 단 한 마디의 말씀이라도 마음에 작용이 되어 하나님 사랑의 불꽃이 튀어야 한다. 그래서 마음의 문을 열고 구주를 영접해야 한다. (계 3:20)

다른 것이 가득 차 있는 것들을 꺼내며 내려놓는 회개가 앞서야 한다. 그리고 마음의 시멘트 바닥과 같이 굳은 마음을 개간해야 한다. 묵은 땅을 기경하라 했다. 인간은 예수사랑 때문에 구원을 얻는 것이다. 예수님의 사랑의 그 행위가 우리의 구원되는 것이다.

제7장

예수님이 자기 인생에 꼭 필요로 한
사람은 행복하다.

예수 믿어야 할 필요성이 예수 안에 행복은 여러 종류의 팩트를
가지고 있다.

예수 믿어야 여러 행복이 따라오기 때문에 예수 믿어야 할 필요
성을 말하게 되는 것이다.

예수 믿으면서 행복해지는 것은

1. 예수 믿어서 구원이 따라오기 때문이다.

사람은 구원이란 매우 중대한 과제 앞에 서 있다. 사람이 이 땅
위에서 영원히 사는 것이 아니며 누구나 죽는 것이다.(히 9:27)

이 세상에서 죄를 짓지 않고 사는 사람은 없다. 로마서 3장 23절
에 모든 사람이 죄를 범하였으매 하나님의 영광에 이르지 못하더
니, 또 죄가 없는 사람이 없다고 성경은 피력하고 있다.

로마서 3장 10절에 기록된바 의인은 없나니 하나도 없으며 하였
다.

다시 말하지만 사람은 모두가 죽게 되고 또 죄에 대하여 심판을

받게 된다.(롬 6:23) 사람이 죽음 그 후에는 심판을 받아 꺼지지 않는 지옥 불에 던져져 영원히 고통을 받게 된다. 여기에서 즉 지옥 고통에서 피하여 구원받는 것이 누구에게나 인생의 최대 과제이다. 이는 과학이 아니요. 추상이 아니며 이념도 아니며 엄연한 현실이다. 사람이 지옥을 피하고 구원을 얻는 일이면 자기 인생 전부를 다하고 또 어떤 것이라도 투자하며 전력을 다할 것이다.

그러나 자기의 노력이나 수양이나 행위로 구원이 보장되는 것은 아니다.(딛 3:45)

역시 지식이나 철학이나 재물을 투자한다고 하여 구원을 얻거나 보장받는 것은 아니다.

힘쓰고 애쓴다고 하여 구원을 받거나 아무 종교 행위나 주문을 외운다고 하여 구원을 보장받는 것 역시 아닌 것이다. 다만 구원받는 것은 예수를 마음으로 받아들이고 믿는 것이다.

요한복음 1장 12절 "영접하는 자 곧 그 이름을 믿는 자들에게는 하나님의 자녀가 되는 권세를 주셨으니" 했으며 로마서 10장 10절 "사람이 마음으로 믿어 의에 이르고 입으로 시인하여 구원에 이르느니라" 했다.

세상에서는 종교도 많고 구원을 말하는 종교도 많이 있다.

동양종교든지 불교 같은 경우에 극락 영생을 말하기도 하며 구원 방법의 추구하는 것이 다르며 종교의 본질이 다른 것을 말하고 있다.

종교의 본질은 석가나 공자 또 마호메트 등 성인이라 하며 땅 위에서 부모의 부형모혈로 태어난 교주의 한계를 짓게 된다.

세상 종교에는 사람의 철학과 세상 신의 매체로 땅에서 사람에 의하여 만들어진 종교이다.

그러므로 세상적 종교 행위가 사람이 지옥을 면하는 구원이 성립될 수는 없다.

그것은 사람의 종교 행위나 노력으로 죄가 없어지지 아니하고 또 인간은 죄의 본질이요 죄 속에 살며 죄짓고 구원의 길을 이룰 수가 없는 것이다.

반면에 기독교를 종교라 부르지 않는다. 예수를 교주라 부르지 않고 구세주라 부른다. 기독교를 종교라 부르지 않는 것은 사람의 철학이나 노력으로 만든 것이 아니고 하나님이 인생을 찾아오신 계시의 그 자체이기 때문이며 그리고 역시 예수는 교주가 아니시고 구세주라 하신 것은 그가 하나님 자체이신데 성령으로 태어나신 분이시다.(마 1:18) 구약 선지자들의 약속으로 태어나신 분이시다.(마 1:23) 그가 죄가 없으시고(히 4:15) 인간의 죄를 대신 담당하신 분이시다.

고후 5장 21절 "하나님이 죄를 알지도 못하신 이를 우리를 대신하여 죄로 삼으신 것은 우리로 하여금 그 안에서 하나님의 의가 되게 하려 하심이라" 하셨다.

결론적으로 말하면 세상 종교와 같이 내가 노력하고 도를 닦아 구원을 받는 것이 아니고 역시 세상 종교에서 아무리 애쓰고 도를 닦고 노력해도 구원을 받지 못한다. 그것은 세상 종교에서 죄를 속하는 속죄의 대상이 없다. 그리고 사람이 계명을 지켜서 구원을 얻을 수도 없다. 그것은 계속 인간이 죄를 안 지을 수 없기 때문이다.

구원은 즉 천국은 죄를 짓지 않아서 가는 것이 아니고 속죄가 있어서 가는 곳이다

다시 말하면 예수 믿어야 할 필요성 예수 안에 구원이 있기 때문이다.

만일 사람이 육과 영이 나뉘는(전도서 12:7), 죽음에서(히 9:27) 지옥을 피하고 구원 얻어 천국 가려면 무엇으로 계산이 될 것인가, 일단 죄가 없어야 한다. 죄가 없어지는 조건이 무엇인가, 재물인가, 세상에 살 때 세상의 종교 행위인가, 또 세상에서 그 어떤 선한 것인가 생각하고 지나가야 할 필요가 마지막 인생 계산에서 무엇인가, 필자는 예수님을 계산대 위에 내어놓을 방법밖에 없다고 본다.

죽음 넘어 갈 때 예수님 십자가에서 죽으신 속죄의 모습이 얼마나 필요하며 감격하겠는가. 마음이 설레는 조건이다. 그래서 히브리 기자는 히브리서 3장 1절에 우리가 믿는 도리의 사도이시며 대제사장이신 예수를 깊이 생각하라고 하셨다.

2. 예수를 믿어야 할 필요는 예수 안에 자유가 있기 때문이다.

요한복음 8장 32절 "진리를 알지니 진리가 너희를 자유롭게 하리라" 했다. 일반적으로도 자유를 제2의 생명이라고 한다. 억압이라는 것은 인간에게 얼마나 큰 불행인지 사람에게 영토나 삶의 터전을 빼앗긴 것만 억압이 아니라 인간에게는 여러 가지 억압이 있어 자유가 필요한 것이 많다고 본다.

사람 중에는 외형상 전혀 자유의 속박이 없는 것 같은데 정치의 억압보다 더 큰 억압에서 사는 자들이 많다고 본다. 그래서 예수님은 수고하고 무거운 짐 진 자들아 다 내게로 오라 내가 너희를 쉬게 하리라 하셨다.(마 11:28)

예수를 진정성 있게 믿고 그 안에 사는 사람은 그 삶의 의미가 다른 것이다. 즉 자유를 누리게 되는 것이다. 사람이 외형적인 정치적으로만 억압이 아니라 눈에 보이지 않는 억압도 많이 존재하고 있다.

흔히 말하는 창살 없는 감옥도 있어 전혀 자유를 누리지 못하는 사람들도 많이 있다고 본다. 심지어 겉으로는 화려한데 자유를 누리지 못하는 사람들이 많이 있다.

사람들에게 자유를 누리지 못하게 하는 장애물들이 무엇인가, 대충 죄악의 억압이나 여러 가지 염려되는 것들이나 특별히 귀신 마귀가 주는 억압이나 그리고 죽음에 관한 사망의 그늘에 있는 불안으로 사람들을 말할 수 있다. 위에서 말하는 장애들은 돈이나 권력이나 정치로 해결하여 자유를 가지는 것이 아니다. 다만 예수로 말미암아 자유를 가지는 것이다.

실감 나는 것은 요한복음 8장 32절 "진리를 알지니 진리가 너희를 자유케하리라" 하셨다. 예수님 자신이 자유이며 예수님 자신이 진리가 되신다. 그러므로 예수로 말미암으면 자유가 따르는 것이다.

사람에게 눈에 보이지 아니하면 얽어매는 것이 많은 것이다.

예수 믿으면 귀신의 종노릇 하지 아니해도 되며 지난 과거의 실수나 잘못에 매이지 아니해도 되는 자유를 누리는 것이다. 또 생활 습관에 매이지 않는 자유이다.

예수 믿지 않는 사람 중에는 이사를 가면 날과 시간을 가려서 하며 또 결혼이나 개업이나 그 어떤 일도 자유가 없다. 무엇보다도 죽는다는 죽음 앞에서 불안에 떨고 위협을 가진다. 그것은 저승사자가 찾아오기 때문이다. 그러나 예수 믿는 사람들 앞에는 천군 천사가 찾아오며 천국 간다는 소망 가운데서 기뻐하는 것이다.

예수 안에서 죽은 자들이 복이 있다고 요한 계시로 14장 13절에서 말하고 있다.

그래서 예수 믿을 필요성을 말하는 것이다.

3. 예수 믿어야 할 필요성은 불안과 두려움을 극복하기 위하여 예수님을 필요로 하는 것이다.

인생은 어머니 뱃속에서 태어날 때부터 울면서 태어난다. 의미를 붙인다면 인생에는 근심과 걱정과 불안과 두려움을 함축하고 태어난다고 말할 수 있다. 인간 시조 아담이 범죄하여 두려움으로 동산 나무 사이에 숨게 되었다.(창 3:8)

하나님께 지음을 받은 인간은 하나님과 대면하고 살아야 행복할 것인데 하나님의 낯을 피하게 되니 언제나 두려움 속의 인간이다.

범죄 후에 인간은 에덴동산에서 추방되어 부모 잃고 고향 잃은 나그네 인생, 광야 길을 다 걷고 있으면서 온갖 근심과 염려를 겪으면서 살아간다.

환경적인 고난과 질병과 고통과 또 사람 관계의 어려움과 또 상황을 이해할 수 없는 긴박한 경우를 만나 괴로움을 겪기도 한다.

다시 말하지만 세상의 그 무엇도 수월하거나 편안하게 하거나 쉬운 것이 하나라도 없다고 말한다. 흔히들 자기 계획대로 되는 것이 없다고들 토로 한다.

상황이 어려워서 고통 되는 것만 아니라 혹 재난이 없고 또 돈이 있는데도 불구하고 불안하고 염려되며 두려움으로 공허감을 가지게 된다. 그러므로 인간이 누구를 찾아야 할 것인가 하며 누구를 만나야 할 것인가. 여기에 누구를 찾고 또 누구를 만나는 것이 아니라, 즉 친구나 권력 있는 사람을 만나는 것이 아니라 오로지 인간이 만나야 할 분은 인간을 만드셔서 인간에게 위로와 행복과 은혜와 영생을 주시는 구세주 하나님을 만나야 한다. 하나님만이 인간에게 평안을 주시고 소망을 주시며 사랑을 주시며 염려와 걱정과 두려움을 물리치시는 분이시다.

바다 같은 세상을 살면서 마치 바다에서 때로는 태풍이 몰아치듯이 우리 인간의 삶에 고통과 두려움이 닥쳐올 때 대처의 방안이나 극복할 팩트가 무엇인가.

돈을 가지고 되는 것도 아니며 학식이나 무당을 찾는다고 해결되는 것은 아니다.

남의 불행(우환)을 물리치기 위하여 무당 두 사람이 경남 양산시 금산 마을에 어느 집에서 밤새껏 굿을 하고 새벽 시간에 자기들의 집으로 가는 중에 큰길 건널목에서 달려오는 자동차에 치여서 현장에서 사망하고 말았다.

필자가 자라던 마을에 군(郡)내에서 신망받는 가정인데 한의사로서 많은 병자를 치료하기도 했다. 그런데 남의 가정 불행을 말하기는 조심스러운데 언급하면 큰아들은 결혼 후 얼마 되지 아니해서 자기 집 중방에 허리띠로 목을 매어 자살하고 또 얼마 되지 아니하여 중학교 다니던 둘째 아들은 미친개에게 물려 곧 죽게 되고 그 후에 어머니는 병들어 죽게 되었다. 그러나 사람을 치료하는 의사이지만 이러한 불행들을 쉽게 극복할 수가 없었다.

많은 사람이 그러한 불행을 다 겪는다고 할 수 없지만 또 다른 고통도 있다고 할 수 있다. 그러면 예수 믿는 사람은 전혀 고통이 없는가, 그것은 아니다. 예수 믿어도 고통이 있을 수 있다. 그러나 상황이나 자세나 대처방안이 세상 사람들과는 다르다는 것이다.

믿는 사람에게는 당면한 환난이나 고난이 단련하면 시험은 될지라도 저주와 멸망은 아니다. 비록 환난을 만나도 기도하며 소망을 가지며 믿음의 대처 방안을 가지게 된다.

인생이 세상을 살아가면서 염려와 근심과 두려움들을 가지고 살아가는 것은 하나님을 외면하고 살아가기 때문이다.

누가 말하기를 성경에서 두려워 말라는 말이 365번쯤 기록이 되어있다고 한다. (필자는 미확인)

그것은 불안전한 인간에게 매일 하나님을 의지하며 두려워하지 말라는 권고를 하고 계신다는 것이다. 그래서 인간은 목자 없는 양 (羊) 같아서 목자가 필요하다고 말하지 아니할 수 없다. 인생이 태어나서 또 한평생 살아갈 때에 그리고 죽을 때까지 예수가 인생에게 꼭 필요한 것이다.

4. 예수님의 필요성은 마귀를 대적하기 위해서 예수님이 필요한 것이다.

사람들은 삶의 생활 현장에서 쉴 새 없이 마귀에게 여러 모양으로 공격을 당하면서 살아간다.

마귀는 영의 존재이기 때문에 표면적으로 잘 알기가 쉽지 않지만 어떤 사건의 나타나는 현상에서 분별할 수 있기도 하다. 마치 바람 자체는 보이지 아니하지만, 역사의 흔적은 알 수 있듯이 역시 하나님도 영의 존재이기 때문에 본체는 잘 모르지만, 그의 사역의 현장은 분별하거나 이해할 수 있다. 마귀는 미혹하거나 또 속이거나 파괴하면서 사람을 망하게 한다.

요한복음 10장 10절 "도둑이 오는 것은 도둑질하고 죽이고 멸망시키려는 것뿐이요" 했다.

마귀는 사람의 온갖 것에 끼어들어 사람을 망하게 한다. 가정이나 부부관계 또 이웃 관계 등 여러 관계에서 사람들을 불행하게 한다. 무엇보다도 사람의 개인 죽음의 현장에 개입하여 멸망으로 인도하기도 한다. 마귀는 불법자요, 범죄자요(요일 3:8). 살인자(요 8:44)이다.

그래서 예수님은 인간의 죄를 없게하기 위하여 오실 뿐 아니라 (요일 3:5) 죽음의 세력을 잡은 자 마귀를 멸하러 오셨다고 히브리서 2장 14절에서 말하고 있다.

인간은 예수 안에서 죄에서 자유와 마귀에게서 자유와 승리를 주시는 분이시다.

성경 많은 곳에서 예수님은 마귀를 추방하며 또 마귀를 멸하시는 장면들을 보게 되고 복음서에서도 많이 보게 된다.

마귀는 역시 사람들의 행복을 깨뜨리는 존재요 불행을 일으키는 존재이다. 한국 교회 선교 초창기에 한국 사람들은 미신의 풍토에 젖어 있고 귀신 섬기며 귀신 문화에 잡혀 살아갈 때에 선교사님들은 전도지를 사람들에게 나눠주면서 예수 믿으세요. 예수 믿으면 귀신이 떠나갑니다. 귀신들을 이깁니다. 이 메시지가 한국 사람들에게 적용되어 여기저기에서 예수 믿는 사람들이 많이 일어났다고 했다. 사람이 귀신에 시달리는 것은 고통이다. 그래서 성경은 권면한다.

예수 믿을 것을, 또 마귀를 대적할 것을, 베드로전서 5장 8~9절 "근신하라 깨어라. 너희 대적 마귀가 우는 사자 같이 두루 다니며 삼킬 자를 찾나니 너희는 믿음을 굳건하게 하여 그를 대적하라" 고 하셨다. 기독교인 신앙의 일면이 마귀를 대적하는 것이다.(엡 6:12~19)

예수 믿어야 할 필요성이 비단 위에 네 가지만 되겠는가, 그 외 예수 믿어야 할 이유를 여러 가지 많은 것을 함축하고 있다.

제8장

성령의 역할은 성도의 삶의 응용과 구원얻게 하는 것을 아는 사람이 행복하다.

성령님은 성도의 생활 현장에서 모든 것을 응용하시고 가르치며 구원에 이르게 하신다(고전 12:3, 롬 8:9, 고전 2:10)

성령님은 보혜사로서 성도를 보호하시고 또 깨닫게 하시며 이기게 하시는 역할을 하시며 무엇보다 인간이 구원얻는데 응용하신다. 성령님이 성도 생활부분의 응용은 생략하고 구원얻는데 성령역사의 역할만 아래와 같이 언급하고자 한다.

인간이 죄에서 구원 얻는 요소들을 하나님 편에서 여러 가지로 나타내 보인다.

가장 뚜렷한 큰 팩트는 예수그리스도가 성령으로 잉태하심과 또 십자가에 죽으심과 부활과 승천 등이 구원의 큰 증거요 팩트가 된 것이 큰 사실이다.

또 하나님의 말씀이 구원 증거가 되는 것이 사실이다.

위에 말씀들은 앞에서 많이 언급했으며 또 앞으로 여백이 주어지면 다시 언급하겠으나 필자가 구원 소고를 집중적으로 논고(論考)하고 싶은 것은 성령님의 본질과 그 역사에서 구원의 요소를 들어내고자 한다.

구원론 하면 예수님 성육신과 그의 십자가에 죽으심의 비중이 너무 크기 때문에 성령의 구원 요소가 외면되어 보이거나 미미하며 작게 보이기도 한다. 성령님 하면 은사의 대명사요 본질성도 생각하며 능력의 상징 정도로 보며 구원 관과는 혹 거리가 있어 보이기도 한다. 그러나 성령님은 기독교 신앙에 큰 비중과 또 다양한 비중을 가지고 있다. 무엇보다 성령님의 가장 핵심적이고 비중 있는 구원론의 큰 요소이다.

조직신학 구원론에서는 성령론이 뒷받침 되지 아니하면 구원론이 제대로 해명이 되지 않는다고 신학교 교수에게 가르침을 받은 적이 있다. 다시 말하지만, 성령님의 학문이 아니면 구원론이 제대로 설명이 될 수 없으며 우리 각자 인생에게 성령님의 응용과 즉 작용과 터치와 간섭이 없으면 구원 성립이 되지 않는다고 생각한다.

예수님의 십자가에 죽으심이 죄인을 구원하시기 위하여 죽으심이라 할지라도 성령님이 죄인을 이끌고 십자가 앞으로 이끌지 아니하면 구원이 성립되지 아니하고 구원을 받을 수 없는 것이다.

성령이 다양한 역할과 많은 일 중에 가장 핵심적이고 본질적인 중요한 일은 죄인을 예수님 십자가에 매체 시키는 일이다. 성령님이 아니면 죄인이 예수님께 나가기 어렵고 또 진리나 예수님을 알지 못하는 것이다.

그러면 성령님의 어떤 기능과 어떤 역할을 보아서 구원 요소의 큰 팩트인가 다음과 같이 내용들을 기록하고자 한다.

첫째는 성령님은 구원 요소의 주체를 인식시키는 역할을 하게 한다. 고전 12장 3절 하반절에 "성령으로 아니 하고는 누구든지 예수를 주시라 할 수 없느니라" 하셨다.

다시 말하지만 위에 말씀은 구원조건의 대단한 인식이다. 역시 이 말씀이 예수님이 구원조건에 절대적 조건인 것을 인식시키며 또 죄인으로 무지하여 예수님의 구원 조건을 잘 모르지만, 성령을 통해 예수님이 구세주이심을 알게 되며 구원에 찬동하게 하는 인식을 하게 하는 역할을 하는 것이다. 성령님이 구원 찬동을 하지 아니하면 무지한 죄인이 예수를 알기도 쉽지 않으며 믿기도 어렵다고 본다.

　그래서 바울은 성령님이 아니면 예수를 주시라 할 수 없느니라 하셨다.(고전 12:3)

　성령님은 예수님을 알아보게 하며 또 구원에 인식시키게 한다.

　둘째는 성령님은 새 생명을 태동케 한다.

　디도서 3장 5~7절 "우리를 구원하시되 우리가 행한바 의로운 행위로 말미암지 아니하고 오직 그의 긍휼하심을 따라 중생의 씻음과 성령의 새롭게 하심으로 하셨나니 우리 구주 예수 그리스도로 말미암아 우리에게 그 성령을 풍성히 부어 주사 우리로 그의 은혜를 힘입어 의롭다 하심을 얻어 영생의 소망을 따라 상속자가 되게 하려 하심이라" 하셨다.

　성령님은 예수그리스도로 말미암아 새 생명을 태동시키신 것이다.

　예수를 영접하게 하여 성령님의 새 생명의 씨가 마음에 자리 잡아 즉 양자의 영이 마음에 있어 하나님을 아빠 아버지라 하며 즉 하나님 자녀의 권세를 가지게 되는 것이다.(요 1:12, 롬 8:15) 성령으로 말미암아 주님을 믿는 사람들 속에 거하시는 것이다.

　요한일서 3장 24절 "성령으로 말미암아 그가 우리 앞에 거하시는 줄을 우리가 아느니라" 했다.

요한일서 3장 9절 "하나님의 씨가 그 속에 있음이라" 하셨다. 성령으로 진리의 말씀으로 나으셨다고 야고보서 1장 18절에 말씀하고 있다.

성령님은 새 생명을 태동하게 하여 하나님을 역시 아바 아버지라 부르게 한다.

셋째는 성령님은 구원을 보장하는 역할을 확실하게 능력있게 하신다. 우리의 구원은 하나님이 성령도 인치시고 변치 않으신 보장으로 구원하신다.

고린도후서 1장 22절 "그가 또한 우리에게 인치시고 보증으로 우리 마음에 성령을 주셨느니라" 하셨다.

또 에베소서 1장 13절에서도 그 안에서 너희도 진리의 말씀 곧 너희의 구원의 복음을 듣고 그 안에서 또한 믿어 약속의 성령으로 인치심을 받았으니 이는 우리 기업(구원)의 보증이 되었다고 하셨다.

또 에베소서 4장 30절에서도 "하나님의 성령을 근심하게 하지 말라 그 안에서 너희가 구원의 날까지 인치심을 받았느니라".

구원 보장에 대한 위에 말씀 외 다른 설명이 필요가 없다고 본다.

구원조건과 그 확립에 여러 가지로 말하겠지만 구원의 보장과 조건은 성령님의 인치시고 보장한 것만큼의 확실한 것은 없다고 본다.

혹 자기가 행한 선한 행위나 거룩한 율법의 기준으로 구원에 이르고 또 보장받는다는 것은 천부당만부당한 것이다. 다시 말하지만, 우리의 구원 성령으로 인치시고 보증에 있는 것이다.(고후 1:22)

선행은 성령의 인치심을 받고 구원 얻는 자의 열매로 따라온다고 볼 수 있지 선행이 구원의 조건은 아니다.

우리가 때때로 구원 관이 희박해질 때가 있다. 이때 물론 십자가 바라보며 약속의 말씀을 기억하는 것이다. 그러나 무엇보다 나 자신에게 즉 내 마음에 성령님의 인치심과 보증의 확신을 가지는 것이다.

인치심이나 보증이라는 것은 약속이 변치 않는다는 것을 말하며 너는 내 것이라는 것의 구원 확립과 보증이 된다는 것이다.

예수그리스도의 속량 대가를 성령으로 인치서서 구원의 이유가 되는 것이다.

앞에서 말했지만, 구원의 다른 팩트들은(선행 또 종교행위 율법 예식 등)구원조건이 되지 못하여 여기에서 구원 관이 희박하여 흔들리게 된다. 다시 말하지만 다른 것도 혹 약속 등 보장이 되는 수도 있을 수 있지만, 우리 구원은 성령님의 보증으로 확립이 되므로 구원의 근거는 예수그리스도의 인(印)으로 성령의(안주) 흔적으로 구원을 확증 짓는 것이다.

우리가 구원 얻어서 천국 가는 것도 성령의 보증으로 가게 된다. (엡 1:13, 4:30)

넷째, 성령님은 구원 적용의 역할을 하게 한다. 진리의 말씀의 적용 역할과 십자가 적용의 역할을 하게 한다.

데살로니가전서 1장 5~6절 "이는 우리 복음이 너희에게 말로만 이른 것이 아니라 또한 능력과 성령과 큰 확신으로 된 것임이라 우리가 너희 가운데서 너희를 위하여 어떤 사람이 된 것은 너희가 아는 바와 같으니라 또 너희는 많은 환난 가운데서 성령의 기쁨으로 말씀을 받아 우리와 주를 본받은 자가 되었으니"했다.

성령님이 우리를 복음에 적응하게 하며 예수 십자가에 적응하여 신앙에도 큰 확신을 하게 하는 역할을 하게 한다. 지금은 성령의 실존은 진리의 말씀과 십자가에 적응케 하여 구원의 증거를 가지게 한다. 성령님은 구원의 적용과 증거를 나타내 보이게 한다.

성령님은 구원에 이르게 하는 회개도 일으키게 하시는 적용을 하게 한다.(고후 7:10)

다시 또 말하면 복음에 적응하며 믿음을 일으키는 역할을 하게 된다. 생명이 있는 구원에 이르게 하는 역할과 또 빛으로 적응하여 구원에 이르는 역할을 한다. 성령이 능력으로 적응하여 구원적 실제는 구원 증거 중에 크게 증거가 된다.

다섯째, 성령님은 구원으로 이끄는 역할을 하게 된다.

고후 4장 14절 "그리스도의 사랑이 우리를 강권하시는도다 우리가 생각하건대 한 사람이 모든 사람을 대신하여 죽었은즉" 했다. 물론 위에 말씀에는 성령이란 말씀의 단어가 없지만, 성령을 함축하고 있다고 본다.

다시 말하면 성령이 인생을 이끌지 아니하면 구원에 참여하지 못한다고 앞에서도 말한 바 있다.

성령님은 진리를 알게한다. 또 예수그리스도를 알게 하는 역할을 하신다.(고전 12:3) 그리고 인생이 구원의 자리에 나아가게 하시며 또 주를 알게 하시며 믿게 하시는 분이 성령님이시다. 성령이 인생을 하나님께로 이끌지 아니하시며 또 성령을 조명해 주지 아니하시면 인생이 구원을 보장받을 수 없다고 본다.

여섯 번째 성령은 하나님의 사랑을 능동케 한다.

로마서 5장 5절 "소망이 우리를 부끄럽게 하지 아니함은 우리에게 주신 성령으로 말미암아 하나님의 사랑이 우리 마음에 부은 바 됨이니" 했다.

성령님은 하나님의 사랑을 동(動)하게 한다. 성령은 하나님의 사랑을 동하게 할 뿐만 아니라 믿음의 확신과 능동적 소망을 가지게 한다.

또 성령님은 우리가 믿음 생활에 능동적(能動的) 에너지(energy)이다.

성도가 성령(聖靈)의 은혜를 힘입고 믿음 생활(生活)을 해가며 또 하나님의 사랑을 음미(吟味)하며 그 사랑의 확신적 소망을 가지게 하고 성령이 우리 마음에 부은 바 되어 하나님의 큰 사랑의 확신과 소망이 부끄럽게 하니 한 것이다.

일곱째, 성령님은 구원의 보증으로 거룩함을 일으키고 선한 양심의 눈을 밝히며(엡 1:18, 딛 2:14, 딤전 3:9) 소망적인 구원에 서게 된다.

성령 역사에 예수의 영이 속에 내재(內在)하여 구원 얻은 자의 하나님 자녀의 신분을 가지게 되는 것이다.(롬 8:15, 요 1:12) 또 성령님과 사귐을 가지게 되는 것이다.

로마서 8장 16절 성령이 친히 우리의 영과 더불어 사귐이 있다고 했다.

성도에게 성령이 속에서 작용으로 구원 얻은 보증의 증거를 가지고 살아간다. 구원받은 사람이라도 세상에 살면서 범죄를 쉽게 행하며 회개를 자주자주 하지 아니하며 기도 생활에 힘쓰지 아니하면 성령님은 근심하게 된다.

그래서 에베소서 4장 30절 "하나님의 성령을 근심하게 하지 말라 그 안에서 너희가 구원의 날까지 인치심을 받았느니라" 했다.

성령은 탄식하며 중생한 사람 즉 성령의 인친 사람을 구원 운동을 계속 전개하신다.(고후 7:10)

제9장

하나님 존재의 나타나심을 체험하고
누리는 사람이 행복하다.

인생의 최대 불행은 하나님이 계심에 대한 존재감을 느끼지 못하는 것이다.

정상적인 사람이라면 하나님의 존재를 모를 수 없다. 혹 못느낀다고 말수 없을 것이다.

사람이 눈이 어두워 산이나 바다 나무나 아름다운 절경을 보지 못한다. 이것은 산이나 바다와 절경이 없어서가 아니라 시야 즉 눈이 고장이 나서 자연을 볼 수 없는 것이다.

하나님은 스스로 계시고(출 3:12) 만물 중에 계시며 편재하시며 마치 공기가 있어 우리가 호흡하듯이 하나님이 우리 인생 삶 속에 가까이 계시지만 우리의 마음이 고장이 났거나 세상 신이 믿지 않는 자들의 마음을 혼미하게 하거나(고후 4:4) 또 영적인 눈이 소경이면 하나님을 알 수 없다고 본다.

세상의 많은 사람이 나름대로 각자 잘났다고들 하나 하나님의 존재감과 하나님의 나타나심을 아는 사람들이 얼마나 되는가. 인생들이 하나님 아는 선악과를 아담 하와가 에덴동산에서 따먹으므로 하나님을 아는 눈이 어두워지게 되었다.

흔히들 하나님이 어디 있느냐고 말하기도 한다. 하나님이 계시지 않는 것이 아니라 앞서 말한 것 같이 눈이 고장 나 소경이 되면 자연환경을 볼 수 없는 것 같이 또 구름이 끼게 되면 태양은 보이지 않는다. 그것은 태양이 없는 것이 아니라 태양은 그대로 있는데 구름이 태양을 가린 것뿐이다. 하나님은 스스로 계시며 아니 계신 곳 없이 지구를 운행하시고 이 세상 흥망성쇠를 주관하신다. 많은 사람을 등용시켜 흥망성쇠를 사용하게 하신다.

특별히 그 시대마다 정치의 사용자로 혹 선지자나 사도들을 세워 말씀의 전달과 말씀의 교훈과 시대마다 좌표와 이정표를 세우기도 하신다.

그래서 하나님은 역사의 주인이 되시기도 하신다. 인류 역사의 사람은 영원하지 못하였다.

하나님의 쓰임의 흔적만 남게 되고 또 고고한 역사라 해도 폐허된 역사 들 뿐이지만 하나님이 나타낸 표현들은 숭고한 말씀의 표현들로 영원한 존재를 나타내고 있다.

하나님이 나타낸 표현은 말씀의 표현들로 대국적(大國的) 말씀의 표현으로 구속 사적 말씀으로 말씀이 육신의 몸을 입고 오신 대국적 말씀과 또 하나님의 계획과 뜻을 밝히는 선지자들의 예언 등으로 대국적 말씀을 나타내기도 하였다. 물론 사도들이 말씀을 나타내기도 하였다. 말씀은 하나님의 존재의 확실한 증거들을 보인다.

하나님의 존재는 여러 방도로 표현되지만 가장 하나님의 본체와 본질의 증거 기준과 역사성의 팩트가 성경 말씀으로 신빙성으로 가름하고 있다.

성경에 하나님 말씀하면 구원하는 진리의 도(道)(약 1:21) 말씀이 육신의 몸을 입고 온 독생자(요 1:14)의 증거.

또 말씀은 하나님의 입에 말씀이다.(마 4:4)

말씀은 혼과 영과 관절을 찔러 쪼개기까지 하는 권능의 말씀이다.(히 4:12)

생명을 살리시는 말씀이다.(엡 1:19)

앞에서 말한바 하나님 말씀의 가치와 나타난 방도는 여러 가지로 나타내고 있다.

가치는 말씀 그 자체가 하나님 본체의 체질이요 또 속성이며 인격이며 하나님의 뜻이 되기도 한다.

하나님 말씀의 가장 큰 비중의 말씀이 독생자라는 것이다.(요 1:14, 1:1)

또 성경은 구속사적 가치이다. 성경 전반의 흐름이 죄인을 구원하고자 하는 구속사적이다.(마 1:21) 구약에서도 구속사적 아내이며 예언이다. 대표적인 말씀이 이사야 53장 5~7절 신약에서는 구속사적 대표의 말씀은 마태복음 1장 21절 "아들을 낳으리니 이름을 예수라 하라 이는 그가 자기 백성을 그들의 죄에서 구원할 자이심이라"했다.

복음서나 각종 서신서에서 구원에 대하여 말씀하고 있다.

"모든 사람이 죄를 범하였으매 하나님의 영광에 이르지 못하더니 그리스도 예수 안에 있는 속량으로 말미암아 하나님의 은혜로 값없이 의롭다 하심을 얻은 자 되었느니라"(롬 3:23~24)

"내가 복음을 부끄러워하지 아니하노니 이 복음은 모든 믿는 자에게 구원을 주시는 하나님의 능력이 됨이라"했다.(롬 1:16)

성경의 특징

첫째, 역사성이다. 성경은 그 시대마다 역사의 증언이다. 정치나 사회 문화 종교 등을 나타내 보이며 또 군사적이며 외교 관계까지 나타내 보인다.

둘째, 그 시대마다 하나님의 메시지는 꼭 나타내 보이신다. 그 어느 시대든지 물론 말라기 선지자 후에 약 400년간 하나님의 메시지가 전달되지 아니하였다고 성경 학자들은 전하고 있다.

그러나 하나님의 메시지는 다른 방도라도 혹 무언(無言)으로라도 전하여졌다고 이해할 수 있다. 흔히들 성경에서는 하나님은 역사의 주인이 되시기도 하신다고 하신다.

셋째, 하나님의 말씀은 신적인 권능을 가지고 있다. 성경 말씀 그 자체가 하나님의 신적인 권능을 나타내 보이고 있다.

디모데후서 3장 15~17절 "성경은 능히 너로 하여금 그리스도 예수 안에 있는 믿음으로 말미암아 구원에 이르는 지혜가 있게 하느니라 모든 성경은 하나님의 감동으로 된 것으로 교훈과 책망과 바르게 함과 의로 교육하기에 유익하니 이는 하나님의 사람으로 온전하게 하며" 했다.

넷째, 모든 통치권을 가지고 있다. 에베소서 1장 21절 "모든 통치와 권세와 능력과 주권과 이 세상뿐 아니라 오는 세상에 일컫는 모든 이름 위에 뛰어나게 하시고" 하셨다.

하나님의 말씀은 그 시대 통치의 섭리를 나타내 보이고 있다.

흥하는 시대나 망하는 시대나 하나님이 통치하시고 주관하신 것을 말씀하고 있다.

한가지 예가 북쪽 이스라엘이나 남쪽 유다가 멸망한 약 500년의 역사가 그때도 하나님은 변함없고 쉴 사이 없이 섭리하시며 간섭하고 말씀하셨다.

그러나 망한 것은 사람들의 정치적 정책이나 신앙의 잘못으로 망한 것이다.

유대인들은 지금도 이스라엘과 유다 멸망의 500년의 기간과 사건은 하나의 그 나라의 역사적 사건으로만 보게 된다. 물론 역사적인 측면에서는 그렇게 이해할 수 있지만, 신앙적인 눈으로 보면 분명히 하나님의 통치의 신정국으로 보지 아니할 수 없다.

성경은 하나님의 신정 통치권을 보지 아니할 수 없다.

인류 역사에 다양한 표면들이 나타나는 상황 중에도 하나님의 주권이 좌우함을 성경은 말하고 있다.

하나님의 말씀은 신적인 권능과 진리적 본질과 생명적 능동의 본질을 가지고 있으며 법리적 질서와 또 윤리적 체계를 다 가지고 있다.

성경은 하나님의 말씀이면서 로고스로 객관적 역사의 권위를 가진 말씀으로 약속 성의 권위로 존재하는 것이다.

마치 물이 흘러가는 강물 같은 존재이다. 강물이 목마른 사람이 마시면 목마름을 면하게 해주기도 한다.

한편 말씀이 개인에게 레마가 되어 개인에게 경험되는 말씀이다. 아무튼 하나님의 말씀은 신적인 능력으로 섭취하는 개인에 따라 각자에게 다양한 호흡이 나타나게 된다.

앞에서도 언급했지만, 하나님의 말씀은 하나님의 신에 감동이 된 말씀이 되기 때문이다.

(딤후 3:16)

하나님의 입에 말씀이기 때문이다.(마 4:4)

또 하나님 약속의 말씀이시기 때문이다(마 5:18)

그런고로 인류의 최대의 가치가 있는 말씀이 각자에게 다양한 가치와 능력을 나타내고 있는 말씀이다.

(1) 구원을 받는데 능력과 수단이 되는 말씀이다.

디모데후서 3장 15절 "성경은 능히 너로 하여금 그리스도 예수 안에 있는 믿음으로 말미암아 구원에 이르는 지혜(수단)가 있게 하느니라" 했다.

또 구원 얻는 길이 되기도 하다.

또 영혼 구원 얻는바 마음에 심기운 도(道)이다.

야고보서 1장 21절 하반 절 "너희 영혼을 능히 구원할 바 마음에 심어진 말씀을 온유함으로 받으라" 했다.

(2) 말씀은 자유를 일으킨다.

요한복음 8장 32절 "진리를 알지니 진리가 너희를 자유케하리라" 했다. 누구라도 복음(말씀) 안에서는 자유를 얻게 된다.

자유는 제 2의 생명이다. 말씀은 자유를 일으키는 힘이 있는 것이다. 물론 정치적 자유를 일으킬 뿐 아니라 죄에서 또 마귀에게서 그리고 어떤 습관에서도 자유를 가지게 한다.

이것은 문서적으로만 말하는 것이 아니며 인생 삶의 현장에서 일어나는 상황들이다.

(3) 말씀은 빛의 본질로 어두움을 밝힌다.

시 119편 105절 "주의 말씀은 내 발의 등이요 내 길에 빛이니이다" 했다.

세상은 어두움을 상징한다. 그리고 개인의 길도 어두움이지만 말씀을 따라 살면 빛 가운데 삶이요 미래를 보장받는 빛의 길이 된다.

(4) 말씀 안에서 기쁨을 충만히 받게 된다.

시편 19:8절 "여호와의 교훈은 정직하여 마음을 기쁘게 하고" 했으며, 요한복음 15장 11절 "내가 이것을 너희에게 이름은 내 기쁨이 너희 안에 있어 너희 기쁨을 충만하게 하려 함이라" 했다.

하나님은 기쁨의 본질이 되신다. 그의 입의 말씀이 기쁨이요 성령님이 기쁨이 되시며 성자 예수님이 기쁨이 되신다.(요 15:11)

(5) 영혼의 생명의 양식이다.

마태복음 4장 4절 "사람이 떡으로만 살 것이 아니요. 하나님의 입으로부터 나오는 모든 말씀으로 살 것이라" 했다.

시편 19편 10절 "꿀과 송이꿀보다 더 달도다" 하였다.

성도는 항상 주의 말씀을 양식으로 섭취하면서 살아야 한다.

(6) 하나님의 말씀은 영적인 전쟁에 무기로 삼는 것이다.

하나님의 백성들은 세상 삶의 현장에서 영적인 전쟁을 하면서 살아간다. 영적인 전쟁에는 다른 무기가 있는 것이 아니고 오직 예수님을 대장 삼고 성령을 힘입어 말씀을 무기로 삼고 전투하는 것이다.

에베소서 6장 11~17절에 각종의 무기를 갖추고 있다. 머리에 구원의 투구와 몸의 전신 갑주와 허리에 진리의 띠를 띠며 발에 복음의 신과 또 가슴에 의의 흉배와 왼손의 방패와 그리고 오른손에 말씀의 칼을 가지고 마귀를 대적할 것이다.

(7) 말씀은 약속의 언약서이다.

하나님의 말씀은 하나님이 인간을 향하는 변치 않는 약속서이다. 하나님은 변하시거나 거짓말하시는 분이 아니시되 인간에게 주신 말씀이 그 어느 것도 절대 변하지 않으신다.

천지가 없어져도 하나님의 말씀은 변하지 않는다.

마태복음 5장 18절 "진실로 너희에게 이르노니 천지가 없어지기 전에는 율법의 일점일획도 결코 없어지지 아니하고 다 이루리라" 했다.

성경은 수십 년 동안 수난을 겪으면서도 역사 속에서 없어지지 아니하였고 그 말씀 속의 약속들이 변한 것이 없다.

(8) 하나님의 말씀은 인생 나그넷길에 안내자요 이정표가 된다.

하나님의 말씀대로 살면 그 길이 바른길이요 보장되는 길이요 천국으로 올인하는 길이다.

그래서 요한복음 14장 6절 "예수께서 이르시되 내가 곧 길이요 진리요 생명이니 나로 말미암지 않고는 아버지께로 올 자가 없느니라" 했다.

인생은 그 길 자체가 평생 처음 가는 길이 된다. 처음 가는 길에는 익숙하지 아니하므로 안내자나 그 길을 잘 아는 자에게 도움을 받아 따라가면 잘 도달할 수 있게 된다.

(9) 하나님의 말씀의 인류 역사에 헌법적 법리의 기준이 되는 가치가 된다.

모세오경(창.출.레.민.신)을 비롯하여 어떤 법리도 따라올 수 없는 헌법의 가치를 나타내 보이고 솔로몬의 명판결은 지금도 말로 인용하고 있다.

그래서 헌법을 공부하는 사람들에게는 성경을 최고의 법전으로 인용하고 있다고들 한다.

(10) 하나님의 말씀은 인류 최대의 윤리 교양의 가치가 된다고 말할 수 있다.

윤리 도덕을 성경을 제외하고 말할 수 없다고 본다. 성경 말씀 그 자체가 진리의 전으로 보게 되는 것이다. 하나님의 말씀은 헌법적 가치 뿐 아니라 특별히 앞에서 언급했지만, 진리요 사람의 영혼까지 취급하여 구원하게 하는 영적인 권능이 되면서 다양한 기능 즉 예술 예능을 함축하고 있다.

(11) 하나님의 말씀은 지혜와 지식의 근본이 되기도 하신다.

잠언 1장 7절에 여호와를 경외하는 것이 지식의 근본이 되신다고 하셨다.

하나님의 말씀 그 자체가 지식이요 지혜의 근본이 되신다. 하나님의 말씀 안에 많은 과학이 함축되어있다. 하나님의 말씀을 가까이 접하는 사람은 지식의 실력을 얻게 되며 과학의 재능의 이익을 많이 얻게 될 것이다.

의사 출신인 원종수 권사의 간증을 들을 수 있다. 그가 고등학교 시절에 성적이 자기 반에서 40등 정도의 성적이었는데 3학년 때 작심하여 새벽기도를 나가면서 성경 로마서를 외워가는 식으로 읽어가게 되었다. 국어 등 교과서들 역시 암송 등으로 공부하여 서울대학교 의대 수석으로 입학하게 되어 좋은 성적으로 미국 암센터 연구원으로 일하고 있다.

이는 하나님의 말씀에 의하여 크게 성공한 사람 중의 하나이다.

맺는말로 우리 하나님을 알고 또 특별히 성경을 통하여 하나님을 알고 성경으로 말미암은 하나님 말씀의 약속이든지 그 기능을 활용하고 누리는 사람은 정말로 축복을 누리며 행복인 것이다.

위에서 말한 것 외에도 더 많은 것을 언급할 수 있을 정도로 성경은 많은 가치를 지니고 있다. 물론 성경 외에도 하나님을 알게 되는 것은 자연환경을 들 수 있다. 그래서 성경 말씀은 하나님을 아는 특별 계시라하고 자연은 하나님을 아는 일반계시라 말하고 있다.

또 하나님을 알아가는 특별방법은 성령님의 조명적 능력을 들 수 있다.

무지한 인간이 하나님을 아는 방법의 하나가 성령님의 역사이다.

제 10 장

예수 이름으로 적극적 기도의 삶을 사는 사람이 행복하다.

　불안전한 세상에서 인생들은 많은 염려를 하면서 살아 간다.

　비록 불안전한 세상 속에 염려하면서 부정적으로만 살아갈 것인가. 현실은 불안전하고 염려스럽지만 그러한 것들이 축복의 현장으로 바뀌기도 한다.

　예를 들면 홍해 바다의 위기가 갈라지는 축복의 현장으로 바뀌는 것과 같은 때도 있다.

　그래서 로마서 8장 28절에 합력하여 선을 이루신다는 것이다. 그런고로 고난이 축복으로 바뀌기도 한다.

　하나님의 말씀에 하나님이 행하시는 구원을 보라(출 14:13)

　여호와께서 대신 싸우신다고 하셨다.(출 14:14)

　시편 46:10절 "너희는 가만히 있어 내가 하나님 됨을 알지어다" 하셨고, 시편 46:7절 "만군의 여호와께서 우리와 함께하시니 야곱의 하나님은 우리의 피난처 시로다" 하셨다.

　우리가 세상을 살아갈 때 고난의 어려움과 염려가 되는 일들이 있을지라도 하나님이 우리 피난처가 되어주시고 방패가 되기도 하시며 문제를 해결도 해주시기 때문에 하나님께 감사하며 문제를 맡기며 기도하는 것이다.

　그래서 바울 같은 분은 "아무것도 염려하지 말고 다만 모든 일에 기도와 간구로, 너희 구할 것을 감사함으로 하나님께 아뢰라 그리하면 모든 지각에 뛰어난 하나님의 평강이 그리스도 예수 안에서 너희 마음과 생각을 지키시리라" 하셨다. (빌 4:6~7)

　하나님의 백성들로서 계속 인용하면서 잊을 수 없는 말이 로마서 8장 28절 "우리가 알거니와 하나님을 사랑하는 자 곧 그의 뜻대로 부르심을 입은 자들에게는 모든 것이 합력하여 선을 이루느니라" 하셨다.

　성도가 하나님의 섭리에 관리받는 태도는 하나님께 기도하는 삶이다. 그래서 기도에 적용은 데살로니가 전서 5장 17절에서 말한 것과 같이 쉬지 말고 기도하라 했다. 앞뒤 절에(5장16,18절) 항상 기뻐함을 말하고 또 범사에 감사함을 말하고 있다. 문맥상 따로따로인 것 같지만 감사와 기쁨은 기도로 이루어지는 것이라고 말할 수 있다.

　하나님의 섭리에 관리받는 삶은 기도하는 삶이다. 그래서 성경에서는 기도에 힘쓸 것을 많이 권면하고 있다. 그리고 기도에 힘써 큰 역사를 이루고 기적을 체험하며 큰 축복을 이룬 사람들을 많이 찾아볼 수 있다.

　야곱 같은 사람과(창 32:22~), 다니엘 같은 사람은 기도로 사자의 입을 막기도 했으며(단 6:10), 다윗 같은 사람은 자기의 삶의 승리와 기적 또 큰 축복들을 이루었다.(시 23:1~6, 50:15) 한나도 기도로 응답받고 큰 축복을 이루었다.(삼상 2:8) 히스기야는 기도 응답으로 자기 생명을 15년 연장받게 되는 기도 응답 등을 들 수 있으며 이 사람들 외에 다 들 수 있겠는가. 지금도 수많은 교인이 기도 응답을 받아 기적을 체험하며 축복을 받는 사람들의 그 수를 헤아리겠는가.

하나님께서 성도가 기도 생활에 힘쓸 것을 강조하심은 우리를 유익하게 함이다.

기도 생활을 쉬지 않고 힘쓰면 어떤 면에서 행복한 것인가?

그 첫째가 기도는 하나님과 사귐이 되는 것이다.

우리 말로 쉽게 말하면 대화한다는 말이며 또 사귄다. 혹 교제한다는 말로 친근감을 뜻하기도 한 것이다.

사귐에는 어떤 격식이나 부담감이 부여되는 것이 아니라 친근감에서 속삭인다. 교제한다는 행동에서 사랑의 밀담이라고 본다.

예를 들면 엄마와 사랑하는 딸과 속삭임인 사귐의 의미인 것이다.

또 서로 사랑하는 남녀가 속삭임의 사랑의 친밀감을 의미할 수 있다.

기도가 하나님과 아무런 거리낌 없이 교류 속삭임이 되는 것이다.

일반적으로 나라 대통령과 부담 없이 사귐을 가진다면 행복할 것이다.

하물며 하나님과 사귐을 계속한다는 것은 행복한 사람이다.

인간이 그의 삶의 기도 생활이 최대 전제가 되는 사람은 행복한 사람이다. 기도를 항상 힘쓰고 삶에 최대 전제로 하는 사람은 하나님의 뜻에 많이 적용되며 하나님의 정서에 많이 체질화 되게 된다.

하나님의 품성과 정서는 이를테면 하나님은 사랑이시다. 또 희락과 화평과 양성과 자비 등이시다. 이러한 모습들을 닮아간다.(갈 5:22~)

스데반 집사님은 기도 중에 자기를 돌로 치는 자들에게 저들의

죄를 용서해달라고 원수들을 위해 기도하셨다.(행 7:56)

바울은 옥중 생활에서도 화평하였다.(빌 4:4)

아무튼, 하나님과 사귐을 가진 사람들은 평안하면서 항상 행복을 노래하는 사람들이다.

하나님과 진정 사귐이 있고 진정 기도 생활에 힘쓰는 사람이 행복하지 아니하면 누가 행복하겠는가.

기쁨의 영이 되신 하나님과 사귐을 가지는데 행복하지 아니할 수 있겠는가.

둘째는 기도가 나의 불합리한 것을 청산하니 행복한 것이다.

사람은 발끝부터 머리끝까지 불안전한 것뿐이다.

기분 나쁜 일 미움과 분노와 시기와 불안과 근심 걱정 염려 등이다.

이뿐만 되겠는가 각 사람에 따라 우울감과 공허감 탐욕 등이다. 이러한 것들을 세트로 다 가지고 있는 사람들도 있고, 또 다른 사람들은 일부분을 가지고 있는 분들이 있다.

아무튼 위에 열거된 상황에 있는 사람들이면 재산이나 명예를 가진 것과 상관없이 행복한 사람이라고 말할 수 없다.

좋은 일이나 안 좋은 일이나 분노하는 사람. 어떤 일에도 기분 나빠하는 사람들 이런 사람은 자기만 분노하고 끝나는 것이 아니라 집안 온 식구에게 혹 자녀들에게 분노하는 그 얼굴을 자녀들은 평생 그 모습 잊지 않는다.

옛날의 어른들은 그러한 모습들을 왜 그렇게 많이 보였는가. 필자에게도 아주 가까운 분들 중에 그렇게 분노하는 모습들이 지금도 잊혀지지 않는다.

또 기분 나빠하는 사람들은 조그만 일에도 흉한 얼굴을 보인다. 이런 사람들에게는 행복이란 햇빛이 찾아들 구멍이 막혀있을 뿐이다.

교회 안에 중직자들 중에도 회의만 했다면 분노하고 혈기 부리는 모습들은 자신에게도 하나님의 의를 이루지 못할 뿐만 아니라 주변 분들에게 좋지 않은 모습들이다. 이런 사람들이 어떻게 행복하며 남에게 행복을 주겠는가.

또 어떤 사람들은 미움에 사로잡혀 원망과 시비하는 일들을 일삼는 사람들이 있다.

나에게 불이익을 주며 미움이 생기며 원망이 생기기도 하겠지만 나도 계속 상대방과 같이하면 같은 사람이요 나에게도 미움이 있는데 내게 어떻게 평안하고 행복하겠는가.

그래서 예수님은 원수를 위하여 기도하라고 하셨다. (마 5:44)

이것이 오히려 행복해지는 것이다. 미운 사람이나 나를 불편하게 하는 사람을 위해 예수님 말씀처럼 기도해주면 미움이 사라지게 된다.

또 염려 걱정 근심에 쌓이면 행복할 수 없다고 본다.

살아가기가 어려운 시절에는 먹는 것 입는 것 등 염려가 생기며 불안하지만, 환경적 상황이 많이 나아졌는데도 별로 걱정할 필요가 없는데도 잠자고 나서도, 먹고 나도 걱정하는 사람들이 있다.

어떤 사람은 자기 아이가 계곡에서 떨어질까 염려하고 또 교통사고 만날까 염려하기도 한다. 이것은 한마디로 하나님께 맡기고 기도하지 아니하기 때문이다.

바울은 빌립보서 4장 6~7절 "아무것도 염려하지 말고 다만 모든 일에 기도와 간구로, 너희 구할 것을 감사함으로 하나님께 아뢰라 그리하면 모든 지각에 뛰어난 하나님의 평강이 그리스도 예수 안에서 너희 마음과 생각을 지키시리라" 했다.

앞에서도 말했지만 염려하고 근심하는데 어떻게 마음이 기쁘며 편안하고 행복하겠는가.

우리 삶의 현장이 염려되는 일들이 많다고 본다. 이렇게 근심되고 걱정되는 일들을 이기게 하며 사라지게 하는 것은 다른 어떤 질병이 치료되며 시원하게 하는 특별한 특효약은 없다고 본다. 세상적인 것은 일시적인 것 뿐인 줄 안다. 다만 오직 기도에 힘쓰는 그 것밖에 없다고 본다. 빌립보서 4장 6~7절이 가장 기도에 근거가 되는 말씀이 되는 것이다.

어느 부인이 좋은 직장을 가진 남편과 자식들과 함께 행복하게 살았다. 그런데 가정에 시험이 와서 남편이 다른 아내를 두고 이중생활을 하였다. 부인은 배신감과

함께 자식들은 중, 고등학교 다닐 때인데 수입은 없고 본인은 평생 직장생활을 해본 적이 없는데 할 수 없이 굶어 죽을 수 없어 직장생활을 하게 되었다.

그런데 그 직장생활이 얼마나 힘들고 어려워서 걱정하지 아니할 수 없어 살아가는 염려하지 아니할 수가 없었다. 그런데 성경 빌립보서 4장 6~7이 생각나면서 염려하지 말라고 했는데 자신은 염려 안 할 수 없지만, 성경이 염려하지 말라고 했으니 자기 상황을 하나님께 맡기면서 기도했다고 한다.

그리하여 얼마나 세월이 지나자 그 남편이 모든 것을 정리하고 과거와 같이 화목한 가정과 그리고 큰아들은 신학교를 나와 목사가 되고 둘째 아들은 의사가 되고 또 며느리도 의사 며느리가 들어오게 되었다. 기도는 부정적인 것을 해소하며 행복을 창출하게 된다.

또 한 자매가 경험한 간증을 소개하고자 한다. 필자의 처음 사역지에 한 자매가 시집을 와서 첫아들을 얻게 되었는데 그 아들이 걸음마 할 때가 되었다. 아이가 다니는 길은 옆이 계곡이며 위험한 길이었다. 그래서 그 새댁 집사님은 항상 아이 때문에 염려 걱정되었다. 넘어질까 고랑에 빠질까 염려가 되었다.

그런 중에 이 자매가 내가 예수를 오래 믿어온 집사인데 이것은 정말 아니다 결심하고 밤낮 며칠 동안 기도를 계속하였다. 그 이후에 그러한 염려는 없어지고 마음이 평안해졌다.

한번은 아들이 부둣가에 놀다가 바다에 빠져 배 밑에 들어갔다는 소문이 들려왔는데도 그렇게 염려되지 아니하였다고 하였다. 다시 말하지만 간절한 기도는 염려와 걱정을 소멸하고 평안과 기쁨을 주시는 것이다.

그 다음 역시 우울과 불안 두려움도 계속되는데 기도로 물리치는 것이다.

현대인의 최고 큰 병은 불안 병 즉 우울증이며 정신 쪽에 관계된 병이라고 들 말을 한다.

현대 문명 혜택을 많이 입고 살면서도 정신 쪽의 질병에 약하여 고통을 겪고 살아가는 사람들이 많다고 한다.

미국 인구 50% 이상이 정신과 약를 먹는다고 한다.

우리나라 경우에도 인구대비 30% 이상 정신계통 약을 먹는다고 한다.

불안과 우울증 여러 원인에서 오겠지만 무엇을 잃은 상실감 혹 인간의 본질적인 참된 가치관을 잃어버린 사람 즉 나는 어디로부터 왔는가 나는 무엇인가 나는 어디로 가는가 이러한 사람들은 우울증 환자로 보게 된다. 그 외에 또 다른 것을 잃었다면 무기력해지

기도 한다. 그다음은 배신감 혹 외면당했을 때 우울증을 앓게 된다. 세상에서 배신당하여 우울증으로 고생하는 사람들이 많다고 본다.

필자도 부끄러운 이야기이지만 속 깊은 내면에 약간의 우울증이 있었다.(상담한 측면에서)

필자는 두 살 먹을 때 아버지와 헤어졌다.(생활터전을 잡으러 일본에 가심)

어머니는 네 살 때 헤어져 큰어머니 밑에서 자라면서 모든 것을 빼앗겼으며 여러 가지 잔병을 앓게 되었고 어머니에 대한 그리움이 미움이 되어 결국 8세 때 (4년 만에) 우연히 어머니를 만나게 되었는데 어머니가 무섭고 두려움의 대상이 되었다.

그러나 필자의 깊은 내면에는 그리운 어머니를 찾고 있었다. 오랜 세월이 지나면서 속 깊은 내면에 상처가 있어 병 앓이를 하였다. 표현하기 어렵지만 심적 질병은 풀잎이 돋아나는 봄철이나 단풍이 지는 가을이 되면 약간의 짙은 우울증도 있었다.

그러나 예수를 영접하고 성령으로 말미암아 기도하는 중에 우울증 하나하나가 사라지고 오히려 믿음의 사람으로 전환해가지 아니했나 생각이 되기도 한다.

지금 와서 철이 들면서 어머니에게 더 잘하고 자식을 향하는 그 사랑을 받아줄 것인데 그렇게 하지 못한 것이 후회가 되기도 한다.

셋째 기도하면 모든 면에 이기게 해주시고 소득을 주시니 행복하지 아니할 수 없다.

기도는 창고 문을 여는 열쇠와 같은 것이다. 또는 적(敵)을 이기는 최대의 무기가 되기도 한다. 그리고 역시 기도는 문제를 풀어가는 해결사가 되기도 한다.

그래서 기도를 쉬지 아니하고 힘쓰는 사람은 모든 일에 승리를 가져오며 또 모든 것을 얻으며 어떤 어려움도 풀어가게 된다.

그래서 예수님은 기도를 삶의 전제로 할 것을 말씀하고 있다.

마태복음 7장 7~10절에 구하라 주실 것이요 찾으라 만날 것이요 문을 두드리라 그리하면 얻을 것이라 말씀했고 또 마태복음 6장 13절에 주님의 가르친 기도가 나오는데 하나님의 뜻을 이루는 것과 우리가 우리 죄를 사하여 주시는 것과 시험에 들지 아니하는 것과 악에서 건짐을 받는 것을 말씀하고 있다.

다시 말하지만 기도에 힘쓰게 되면 좌절하지 않게 된다.

그래서 예수님께서 "기도 외에 다른 유가 없다"라고 하셨다. (막 9:29)

기도는 성도에게 최대 능력이 되신다. 기도 없이는 어떤 싸움에서도 승리를 가져올 수 없음을 말씀하고 있다.

에베소서 6장 10절 이하에 "너희가 주 안에서와 그 힘의 능력으로 강건하여지고 마귀의 간계를 능히 대적하기 위하여 하나님의 전신 갑주를 입으라 우리의 씨름은 혈과 육을 상대하는 것이 아니요. 통치자들과 권세들과 이 어둠의 세상 주관자들과 하늘에 있는 악의 영들을 상대함이라"했다.

사람이 한평생 세상을 살아가면서 싸워야 할 대상이 얼마나 많은지 이 세상은 싸움의 현장이라고 말할 수 있다.

물론 에베소서 6장에서 말하는 혈과 육의 싸움은 아니다. 또 국가적인 차원에서 땅을 차지하기 위하여 정치적인 싸움이 있을 수 있다. 그리고 이념적 싸움이 있을 수 있고 자기와의 싸움 세상 정욕적인 싸움을 말할 수 있다. 무엇보다 현저한 싸움은 사탄과 싸움이다. (엡 6:10~15) 마귀와의 싸움은 우리 인간의 지혜나 지식 그리고 어떤 권력적으로도 이기는 것이 아니고 성령을 힘입어 기도로 이기게 되는 것이다.

종교개혁자 루터의 일화 중 종교개혁 하려고 할 때 어려움이 한 두가지가 아니었다.

그러나 어려움을 풀어가는 데 큰 힘은 오래 간절한 기도였다. 그가 두 시간 정도의 기도는 싸움에 큰 유익이 되지 않더라는 것이었다. 두 시간 반 정도 기도하면 승리가 자기에게 기우는 것 같아서 세 시간 기도하니까 자기가 승리를 하게 되더라는 것이었다.

어느 목회자라도 목회 현장은 어려운 싸움의 현장이라고 말하지 아니할 수 없다.

그 어려움을 극복하고 이기려면 계속되는 기도 생활밖에 다른 방법이 없는 줄 안다.

출애굽기 17장 8~13절의 유명한 기사의 장면을 보게 된다. 아말렉과 이스라엘 백성이 르비딤에서 큰 전쟁을 하게 되는데 모세가 산꼭대기에서 손에 지팡이를 들면 이스라엘이 이기고 손이 내려오면 아말렉이 이기게 되니 중요한 것은 모세 손에서 지팡이가 내려오지 않는 것이었다. 그래서 아론과 훌이 양쪽에서 모세의 손을 붙잡아 그 지팡이든 손이 내려오지 않아 필연적으로 이스라엘의 승리를 가져오게 되었다.

이 사건은 역사적 단순한 사건이 아니라 현재 우리에게 영적 승리에 대한 큰 의미를 가져다 줄뿐이니라 우리에게 승리를 주시는 말씀이 된다.

필자도 목회도 잘못할 뿐 아니라 목회 말년에 너무 힘이 들었다. 그런 중에 우연히 루터의 책자를 읽고 힘을 얻게 되며 기도를 매일 세 시간씩 하면서 많이 힘들기도 했다.

그러나 기도 중에 두 시간 반쯤 지나면 육체가 기도에 붙잡히게 되면서 계속 기도로 이어갈 수 있었으며 교회나 본인이나 제자리를 지킬 수 있었다.

성도가 어려움을 풀어가거나 성공했다면 하나님의 도움이요 기도의 결과라고 말할 수 있어야 한다.

기도 안에 지혜가 있고 기도 가운데 이기는 방법을 알게 되고 기도 가운데 어려움을 풀어가는 방법을 알게 된다. 그리고 축복받는 방법을 아는 것이다.

기도 가운데 적어도 세 가지 유익 된 방법을 알게 된다.

(1) 유익은 하나님의 뜻을 알게 되면서 이해하게 된다.

(2) 기도하면 기도 응답으로 막힌 것이 열리며 맺힌 것이 풀리는 기적의 역사를 체험하게 된다.

(3) 기도하면 어려운 현실을 풀어가는 방법론을 아는 지혜를 얻게 된다.

그래서 기도하는 자에게 많은 유익을 주며 행복하게 해 주신다.

성도가 잘되거나 축복 된 일이 있으면 이것은 하나님의 축복이요 기도의 응답이라고 고백할 수 있어야 한다.

필자가 한평생 살아온 길을 뒤돌아보면 모든 일이 하나님의 축복이요 기도의 응답이었다.

다시 말하지만 별 볼 일 없는 사람을 목회자로 세워주셨고 한 교회를 신설하게 해주셨으며 또 선교사와 목회자가 10여 명 이상 나게 해주셨고 네 차례에 걸쳐 교회를 신축하게 해주셨으며 또 학문이나 저술가로서 또 문인으로 문학을 펼칠 수 있었던 것은 모두 하나님의 은혜요 기도의 응답으로 보고 있다.

예수 믿었다는 것 또 계속 기도할 수 있는 것, 기도의 응답으로 어려운 일도 풀게 되고 축복받는 것이 모두 행복이었다.

앞에서 기도의 소중함을 충분히 많이 언급했다고 사료되지만 기도의 소중하고 유익 됨이 한 권의 책에 다 기록하겠는가.

맺는말로 기도의 정의에 대하여 약간 언급하고 싶다.

기도는 그림 그리는 사람이 먼저 밑그림을 그린 후에 색칠 즉 물감을 칠하여 그 그림에 아름다움과 생명력과 좋은 이미지를 부각시키는 것과 같다고 생각할 수 있다.

또 주변과 환경을 변화시키며 이미지를 바꿔놓게 한다.

예를 들면 어느 지역이 일반적으로는 귀신이 출몰하고 누가 어떻게 하여 어느 집안에는 젊어서부터 물에 빠져 죽기도 하고 아무튼 그 지역이나 마을이 불안을 주지만 기도하는 사람에게 불안의 정서보다 기도하고 나면 그곳이 아름다운 자연의 그림으로 바뀌게 된다.

즉 하나님의 세계로 바뀌게 된다.

우리나라 선교 초창기에 선교사들이 쪽 복음을 가지고 전도할 때 예수 믿고 기도하면 귀신이 떠나갑니다. 하며 전도했던 것이 신뢰가 되면서 많은 사람이 쉽게 예수 믿게 되었다고 한다.

제 11장

예수 안에서 긍정적인 삶을 사는
사람이 행복하다

인생이 살아가면서 행복의 여부는 어떤 생각을 하며 어떤 삶을 사느냐에 따라 그 인생이 행복 관이 달라진다고 본다.

꼭 같은 환경에서도 어떤 사람은 행복을 만나 누리는 사람이 있고 반대로 어떤 사람은 같은 환경에서 불행해지는 사람이 있는 것은 그 첫째로 생각 차이를 들 수 있다.

사람은 그 생각이 중요하다. 이사야 55장 7~9절에서 생각이란 단어가 다섯 번 나오게 된다.

이것은 이스라엘 백성들의 죽고 사느냐 망하느냐 복을 받느냐 결정의 기로에서 생각을 고치라 바꾸라고 하나님이 강조하신 것이다.

민수기 13~14장에 이스라엘 백성들이 광야 행로 중에서 이스라엘 각 지파 대표 한 사람씩 뽑아 가나안땅에 정탐으로 보내게 되었다. 이 정탐꾼들은 가나안에서 여러 곳을 살피고 각 지파 대표들은 자기들이 느낀 대로 회중 앞에서 보고를 하게 되었다.

12명의 대표 중에 10명 대표는 하는 말이 땅은 좋고 작물도 잘되며 모든 것이 다 좋으나 가나안의 군사라든지 경계망은 우리 군사와 비교가 되지 않게 강성하더라고 10명이 부정적인 보고를 하게 되니 청중은 폭동 가까운 반응이 일어나게 되면서 그들은 우리가 선발대를 앞세워 애국으로 도로 돌아가자고 소란을 피우며 하나님을 원망하게 되었다.

여호수아와 갈렙은 반대 보고를 하였다.

물론 가나안 나라가 경계망이라든지 군사력은 강성하였지만, 하나님께서 가나안땅을 우리에게 주기로 약속하였으며 지금도 하나님은 우리와 함께하신다.

또 그들은 우리의 밥이라고 보고하며 설득도 하였지만 온 백성들은 듣지 아니하였다.

그 백성들의 불신과 부정적인 생각으로 광야에서 다 망하고 말았다. 그러나 긍정적인 사람들은 여호수아 갈렙은 결국 살아남았고 가나안에 들어가게 되었다.

사람은 생각대로 살아가게 되고 또 생각대로 삶을 펼쳐간다고 본다.

히브리서 11장 31절에 등용이 되는 기생 라합이 믿음의 생각으로 정탐꾼들을 숨겨주어 그 결과로 믿음의 서열에 서게 되었다.

철학자들의 말을 빌리면 사람은 생각하는 동물이다 라고 했다. 사람이기 때문에 생각을 하게 된다. 그 생각대로 열매를 거두게 된다. 사람에게 좋은 생각이 좋은 생각을 펼쳐 좋은 열매를 거두지만 또 불합리한 생각도 많다. 생각들 중에 첫째, 생물학적 생각과 또 보는 환경적인 생각을 들 수 있다. 즉 되어져가는 환경적 생각 등인데 경우에 따라 생각이 바뀌기도 하는데 갈대처럼 흔들리는 생각이라고 할 수 있다. 다시 말하지만 주체성이 없고 상황 따라 흔들리는 것을 말한다.

둘째는 마귀의 생각이 있다. 꼭 같은 상황과 같은 사람인데 귀신이 접하게 되면 남도 망하게 하고 자기도 망한다.

야고보서 3장 14~15절 "그러나 너희 마음속에 독한 시기와 다툼이 있으면 자랑하지 말라 진리를 거슬러 거짓말하지 말라 이러한 지혜는 위로부터 내려온 것이 아니요 땅 위의 것이요 정욕의 것이요 귀신의 것이니" 했다.

마귀는 가룟 유다의 마음에 예수를 은 30에 팔 생각을 넣었다고 성경은 말하고 있다.

젊은 남녀가 서로 마음을 같이하여 결혼해서 미래를 꿈꾸며 행복의 보금자리를 만들어 가야 하는데 아내의 마음에 악한 생각이 자리 잡아 사랑하는 남편을 상대로 하여 거액의(8억) 보험금을 타기 위해 몇 차례 살해를 시도하다가 결국 수영할 줄 모르는 남편을 다이빙하게 하여 죽게 한 30대 초반 은해씨 2022년 4월 10일경 크게 신문에 기사화되었다.

셋째 생각의 사람은 긍정의 생각으로 단련하고 훈련한 긍정의 생각 고정한 사람들이 있다.

이런 사람들은 자기 앞에 부정적인 상황이 펼쳐져 있어도 긍정으로 분석하고 긍정으로 대처해나간다.

이를테면 어려운 것도 할 수 있다. 없는 것도 있게 될 것이다.

와인을 먹어서 벌써 반이나 줄었네 하는 말보다 아직도 반이나 남았네 하는 긍정의 말.

모세 일행이 앞에 홍해 바다가 있지만 홍해 바다 건너편에 가나안이 있다는 긍정적 희망을 품게 되었다. 긍정적인 사람은 어려움의 뒤편에 축복이 있다는 것을 믿는다.

이순신 장군이 임진왜란 때 왜적을 물리칠 때 유명한 말을 남겼다. 전쟁터에서 많은 배를 잃었지만 잃은 배보다 남는 배가 열두

척이나 남았다고 말하여 좋은 일화를 남기기도 했다.

넷째 생각은 하나님이 주신 생각이다. 누구라도 하나님의 생각을 품고 사는 사람은 성공과 함께 행복한 사람이다. 빌립보서 2장 5절 "너희 안에 이 마음을 품으라 곧 예수 그리스도의 마음이니" 했다.

하나님의 생각은 사람의 생각과 다르고 실패하거나 저주가 있는 것은 아니다(사 55:8) 성경에 요셉과 같은 사람이 대표적으로 하나님의 생각을 가진 사람이다. 억울한 옥살이 중에도 하나님의 생각을 품었으므로 합력하여 유익 될 줄 알았다.(창 39:19~23)

성경에 인생의 성공의 삶을 산 사람들은 하나님의 생각을 품은 사람들이다. 이를테면 다니엘과 다윗, 또 아브라함과 히스기야와 모세 여호수아 갈렙 등 많은 사람이 하나님의 생각을 품고 믿음을 고착하여 성공과 승리와 행복의 삶을 살았다.

지금도 누구라도 하나님의 생각을 품는 사람은 하나님의 보장과 함께 행복한 인생이 될 것이다.

구체적으로 하나님의 생각은 하나님의 뜻을 품으며 그의 말씀을 믿으며 또 순종하며 그분의 인격을 마음에 품는 것이다.

다음의 긍정적인 태도는 다음에 옥토 같은 마음을 가꾸어 가는 사람이 행복을 만들어 가는 사람이다.

사람에게 마음 마음 하지만 마음이 같은 것은 아니다. 예수님께서 마태복음 13장 1~9절 사이에 네 종류의 마음 밭을 비유로 말씀하셨다.

첫째 밭은 길가 밭을 말씀하고 있다. 길가 밭은 사람이 밟아 다져져서 씨앗이 떨어져도 뿌리를 내리지 못하여 소출을 거둘 수 없는 잘못된 밭으로 평가하고 있다.

사람들 가운데 길가 밭과 같은 마음을 가져 그 마음에 생명의 움을 돋게 하지 못하는 밭으로 고쳐져야 할 밭으로 전제로 하고 있다.

다음 둘째는 돌짝 밭을 들고 있다. 돌짝밭 역시 씨앗을 뿌려도 그 씨앗이 혹 움이 트더라도 자라서 열매를 맺지 못하는 밭으로 칭찬받을 수 없다고 본다.

역시 셋째 밭은 가시밭을 말하고 있다. 가시밭은 농사를 전혀 지을 수 없는 밭이다. 농부가 혹 씨앗을 뿌려 움이 돋는다고 해도 열매는 낼 수 없는 밭이.

예수님은 사람들의 마음 상태를 비유하시면서 한가지 밭은 옥토밭을 들고 계신다.

그리하면서 옥토 밭이 될 것을 권면하신다.

앞에서 언급된 세 가지밭은 개간하여 옥토가 되게 하라는 것이다. 옥토에는 흙도 많고 수분도 많아 곡식의 소출을 많이 내되 30배 60배 100배 이상을 낸다고 언급이 되고 있다.

누구라도 옥토의 마음이 되면 그 자체가 바람직하고 행복한 것이다.

사람에게는 마음가짐이 중요하다. 각자 마음에 따라 행복의 사람이 되는 것이다.

역시 사람의 마음가짐에 따라 행복을 노래하게 된다.

다음은 긍정적으로는 행복의 시각으로 고정해가야 한다. 필자는 행복의 5대 팩트 중에 마지막 팩트가 산이 보이고 바다가 보이고 들판이 보이며 강이 보이는 곳이 천국 되게 하시고 앉는 곳이 천국 되고 서는 곳이 천국 되며 눕는 곳도 천국 되게 해달라고 묵상하기도 한다. 우리가 보는 것 중에 좋은 것이 너무 많다.

많은 사람들이 사람끼리 너무 갈등이 많다. 사소한 이해관계 때문에 혹 오해 때문에 서로 상처를 받고 갈등을 겪고 있다. 가까운 지인이요 심지어 가족까지도... 사람은 갈등의 대상이 아니다. 진정 사랑의 대상이다. 너는 나의 좋은 친구야 네가 없으면 나는 얼마나 쓸쓸하고 외로워지겠나. 너는 사랑의 대상이야 하며 사랑의 대상이 되어야 한다.

모두가 고맙다. 우리 주변에 의사가 있어 고맙고 경찰이 있어 고맙고 농사짓는 사람들과 고기 잡는 어부들이 있어 고맙고 또 군인들이 있어 고맙다는 시각이 필요하다.

우리가 보는 대상 중에 고마운 부분들이 너무 많다. 물론 꽃을 보고 기뻐하고 나무를 보고 좋아하며 절경을 보고 좋아한다.

우리가 보는 것에서 시가 나오며 아름다운 작품이 나오게 긍정적인 시각을 가져야 한다.

마음은 긍정적인 말을 해야 한다. 여기에서 행복의 장소를 만들게 될 것이다.

누구에게나 언어(말)는 자기 운명을 바꾸게 한다고 생각한다. 말에 대하여 유래하는 격언을 많이 들 수 있다. 말에 천 냥 빚을 갚는다. 또 말이 씨가 된다. 말대로 된다. 말이 운명을 바꾼다 등 많이 들 수 있다.

야고보 사도는 야고보서 3장 2절 "우리가 다 실수가 많으나 말에 실수가 없는 자라면 온전한 사람이라"고 했다. 그리고 말은 많은 나무를 태우는 불과 같다고 하셨으며 또 큰 배의 키와 같다고 했다.(약 3:4~5) 또 지옥 불과 같은 존재인 것을 말하고 있다.(약 2:6) 말로 타인을 죽이기도 하고 살리기도 한다고 했다.

말 때문에 인간 사는 사회문제가 되는 것이다. 말을 잘해서 손해 보는 일은 없다란 말이 있다. 역시 인간의 말에서 행복을 만들어내고 불행도 만들어내는 것이다.

아무튼 남에게 칭찬해주며 행복한 말을 해주면 타인들이 얼마나 좋아할까?

예를 들면 자녀들에게도 칭찬하는 말이 매우 중요하다. 성경에서는 원수까지 축복을 빌라고 했다.(롬12:14.19) 역시 자기 자신에게도 축복하는 말과 격려하는 말 행복한 말을 할 필요가 있다. 말이 열매를 맺게 되고 자기 운명을 결정 짓기 때문이다. 성경에 유명한 말이 있다. 민수기 14:28 절에 하나님께서 이스라엘 백성들에게 하신 말씀이신데 28절 "그들에게 이르기를 여호와의 말씀에 내 삶을 두고 맹세하노라 너희 말이 내 귀에 들린 대로 내가 너희에게 행하리니" 했다.

그래서 원망하는 말이나 불평하는 말을 조심해야 한다. 평소에 우연한 말이라도 조심해야 한다. 그 말의 씨가 될 수 있기 때문이다.

어느 어머니가 흉년에 딸을 낳게 되었다. 자식들이 몇 명이 있는데 또 자식을 낳게 되어 걱정되어 그 어머니가 한 말이 먹을 것이 없는 때 네가 태어났으니 무엇을 먹고 살아갈 것인가. 비둘기가 되어 콩밭에 가서 콩을 먹고 살려나 했는데 과연 그 아이가 자라면서 또 어른이 되어서도 콩의 종류 두부나 콩국이든지 또 콩밥이 아니면 다른 음식을 먹을 수가 없었다고 했다.

어머니가 걱정이 되어 쉽게 한마디 생각 없이 한 말이 아이에게 그대로 이어지게 되었다.

우리가 긍정적인 말을 하여 행복을 이루어 가야 할 것이다.

또 꿈과 희망을 가진 사람이 긍정적인 사람이다. 사람을 가리켜 '꿈을 먹고 사는 동물이다' 라고 했다.

꿈을 가진 사람은 절망하지 않는다. 또 인내한다. 그 인내로 꿈의 열매를 맺게 된다.

사람이 긍정적인 열차를 타고 인내의 터널을 끼고 가면 해가 돋는 동쪽 행복의 정거장에 도착할 것이다.

희망으로 좌절을 극복하여 성공한 한 사람을 소개하고자 한다. 이 사람은 1841~1919년도 프랑스가 낳은 '르누아르' 는 사람이다. 이 사람은 어릴 때 불우한 환경에서 자라면서 너무나 가난하여 학교를 제대로 다니지 못하고 어릴 때부터 도자기 공장을 다니면서 열심히 일하였다. 그는 단순한 공장의 직공으로 일한 것만 아니라 도자기의 색깔을 새롭게 하며 더 나은 색깔의 기술을 익혀가며 연구하여 전적으로 도자기의 그림공부를 하여 프랑스가 낳은 훌륭한 화가가 되었다. 그는 다른 친구들과 같이 공부할 수 없는 가난한 여건이었지만 오로지 도자기에 뛰어난 그림과 색깔을 입히는 것이 희망이 되어 계속 공부하고 연구하여 결국은 훌륭한 화가가 되었다.

그는 일화 중에 설상가상으로 손가락에 심한 신경성이 찾아와 손가락을 쓰지 못하였다.

그러나 희망을 걸고 붓을 손에 매고 어려움을 참으며 그림을 그렸다. 계속 손으로 그림을 그릴 수 없어서 발가락으로 그림을 그리기도 하여 그의 희망대로 세계적인 화가가 되었다.

누구라도 긍정적 희망을 가진 사람은 인내하는 사람이다.

또 긍정적인 사람은 창의적 소재를 만들어 가는 사람들이다. 사람에게는 세 가지 인격을 구성하고 있다.

그 첫째가 자연에 접하고 사는 인성 또 사회에 형성한 사회적 동물을 표면적으로 나타내는 인격이다. 다시 말하면 사회에서 일하고 서로 교류하며 인륜과 인격을 이루어 가는 육체적 존재이다. 여기서 정치 사회 교육 노동 경제 현실 사회에서 자신의 존재감과 공유하며 살아가는 것이다.

여기에서 이 모든 것을 접하고 살아간다. 정치이면 정치, 교육이면 교육, 노동이면 노동, 경제이면 경제, 자연이면 자연, 질서이면 질서 등으로 피부로 접하면서 살아간다.

둘째는 정신세계를 형성하고 있다.

사람은 정신세계의 사고를 건전하게 펼쳐나가며 사랑스러운 가족 운동과 건전한 인격과 교육과 건전한문화운동을 펼치는 삶이다.

셋째는 영혼 세계를 형성하고 있다. 이를테면 영적 세계를 말한다. 사람의 3대 인격체 중에 영적인 인격체가 다른 어떤 인격체보다 비중이 크다고 본다. 사람의 육체는 흙에 불과하고 (창 2:7) 정신세계는 정서의 관계로 하나님의 주권에 있다고 볼 수 있다. 그러나 영혼, 영적인 부분은 하나님께 부여받은 인격체로 영적인 운동과 영혼의 가치가 보존되며 우대되는 종교 즉 신앙 운동이 필요하다.

위에서 말한 3대 인격이 형성되어 균형 있게 이어가며 많은 가능성을 창출하며 창의적으로 아름다운 사회 질 좋은 삶을 살아가는 것이 긍정적인 삶의 일면이라고 볼 수 있다.

제 12 장

예수 안에서 화평을 도모하며 만들어 가는 사람이 행복하다.

화평이란 말은 평화와 바꾸어쓰는 말인데 동질감을 가졌다고 생각한다.

평화나 화평이나 인간사회에 중요한 문구이다.

평화는 하나님이 주시는 선물 중의 하나이다. 평화 속에 행복이 있다. 아무리 행복을 말하고 행복을 사모해도 화평이나 평화가 동반되지 아니하고는 행복이 올 수 없다고 본다.

싸움하면서 또 불안해하면서 행복이 있다고 말하겠는가. 다시 말하지만, 평화란 보자기에 행복을 싸는 것이다. 행복에는 평안의 노래를 부를 수 있어야 한다. 울부짖으면서 행복하다고 하겠는가. 행복은 여러 가지 좋은 조건에서 또 여러 가지 패널들이 많은 프레임에 행복들을 가지겠지만 평화라고 하는 프레임 행복의 비중을 크게 가져온다고 생각하게 된다.

그래서 행복해지기 위해서 평화를 의무화하고 개척하고 애쓰며 힘쓰는 것이다.

인간 각자는 그 사회에서 평화의 의무를 다해야 한다.

화평케 하는 것이 그 인간의 사명이다.

인간이 화평의 사명을 다할때에 자기에게 행복이 찾아오게 되며 주변 사람들에게도 화평이 찾아오는 것이다.

인간이 자기 자신에게든지 주변에서든지 화평이 전제되어야 한다.

어떤 방법이든지 평화가 형성되고 만들어져야 한다. 평화는 말만 한다고 해서 되는 것은 아니다. 평화는 희생이 뒤따를 수 있고 또 양보도 있을 수 있고 포기해야 할 것도 있다.

기독교 신앙 세계는 화평의 패널(panel)이다.

기독교는 근본도 평화 결과도 평화이다. 성경에서 전제하고 강조하는 말씀이 평화이다.

로마서 5장 1절에 그리스도로 말미암아 하나님과 화평을 누리자 했다.

로마서 5장 10절 "곧 우리가 원수 되었을 때 그의 아들의 죽으심으로 말미암아 하나님과 화목하게 되었을때 즉 화목하게 된 자로서는 더욱 그의 살아나심으로 말미암아 구원을 받을 것이니라" 했다.

기독교 신앙의 전제가 화평이요 성경의 제목이 화평이다. 물론 사랑이 앞서고 있다. 사랑이 화평을 이루는 동력이 되었다. 사랑은 희생의 열매이다. 사랑은 희생의 화신이다. 그래서 그 사랑이 화평을 이루는 것이다. 사랑의 희생 제물이 없이는 화평의 '패널' 장식을 할 수는 없는 것이다.

기독교 본질이 희생이고 사랑을 나타내었고 그 희생의 사랑이 화평을 나타낸 것이다.(롬 5:1)

기독교에서는 예수님의 사랑이 희생의 대가를 지불하여 여러 가지 많은 축복과 선물의 프레임을 나타내게 되었다. 이를테면 구원,

소망, 위로, 은혜 그중의 하나가 화평이다.

에베소서 5장 2절에 그리스도께서 너희를 사랑하신 것 같이 너희도 사랑 가운데서 행하라 그는 우리를 위하여 자신을 버리사 향기로운 제물과 희생 제물로 하나님께 드리셨느니라

예수님의 희생의 대가로 큰 화평을 나타내게 되었다. 먼저 하나님과 본래 인간이 원수 되었던 것인데 화평을 이루게 되었다(롬 5:10)

인간이 범죄하므로 하나님과 원수가 되었다. 그런데 예수님이 희생의 제물로 하나님과 화평이 되게 되었다. (엡 5:2)

예수님의 십자가의 희생은 화평의 원동력이다. 사람들이 교회 공동체 생활을 하면서 각자 갈등을 겪는 경우가 많다고 본다.

물론 한편 교회 공동체 화평의 공동체로 보기도 하지만 많은 현실은 교회는 분쟁이 많이 일어나고 있다. 일반적인 사람들은 싸움하는 곳이 교회인 줄 알고 교회가 서로 싸우라는 말은 쉽게 하기도 한다. 교회가 싸움을 하는 곳이란 말도 맞고 화평의 상징이란 말도 맞는 말이 맞는다.

교회가 싸움이 있다는 것은 각자 개성이 다르며 또 시각 차이가 있기 때문에 이러한 인간의 불안전한 것들을 가진 인간들이 모였으니 분쟁이 있게 마련이다.

반대로 화평이 있다는 것은 희생으로 십자가 매체로 인간의 불합리한 모순들로 십자가를 근거하며 녹이는 것이다.

갈라디아서 5장 24절에 그리스도 예수의 사람들은 육체와 함께 그 정욕과 탐심을 십자가에 못 박았느니라 하셨다

다시 말하지만 예수님께서 희생으로 십자가에 죽으심 아래서 자기 개성이나 이해관계나 사리나 어떤 논리나 보는 시각이나 그 어

떤 개인의 팩트가 계산이 되지 않는다.

　누구든지 교회 공동체에서 십자가가 전제되면 그 교회는 싸움하는 교회가 아니라 화평 한 교회가 되는 것이다.

　필자가 부끄러운 일면의 경험인데 참으로 사리에 맞지 아니하고 수용할 수 없는 현실로 엄청나게 갈등이 있었는데 어느 주일 오후에 강단은 부목사에게 맡게 하고 필자는 교회 일반 교인들이 앉는 자리를 찾아 중층 문을 열고 자리에 앉으려고 하는데 마음 깊이에서 들려오는 음성이 있었다.

　이런 계산 저런 계산으로 앉으려고 할 때 야! 십자가 아래에 무슨 계산이 있느냐, 하는 음성이었다.

　정말 맞는 말이었다. 성도는 교회 생활과 자기 신앙생활에 이런 계산 저런 계산이 아니라 십자가가 전제가 되어야 한다. 여기에서 양보도 있고 화평이 있는 것이다.

　우리 각자가 교회에서나 사회에서 역시 가정생활에서 예수님 지신 십자가가 내 삶의 팩트가 되면 화평의 사람이 되는 것이다. 어디에서든 피스메이커 역할을 하게 되는 것이다.

　화목과 평화는 먼저 자기 자신에게 하여야 한다.

　누구라도 자기 자신에게 평화를 형성하지 못하면 주위에 평화를 이루지 못하며 남에게도 평화를 주지 못한다.

　먼저 자기 자신의 평화는 자신이 예수그리스도께 예속시키며 항상 예수 그리스도 안에 자신을 고정시켜야 한다.

　또 그리스도께 소속의 신분을 분명히 확인시키면서 항상 고백이 나는 예수 그리스도께 예속된 신분이다. 확인하면서 살아야 한다. 그리하면 그리스도의 명패가 자신에게 붙게 되고 자신의 가치관의 큰 명분과 인간의 비합리의 잔재들은 공격 되며 극복의 삶을 살아가게 될 것이다. 많은 사람이 자기 자신에서 일어나는 불합리한 것들 분노와 노여움과 불평과 원망과 이해하지 못하는 것들을 자기 자신의 인간성을 보면서 탄식의 고백이 나오기도 한다.

로마서 7장 24절에 "오호라 나는 곤고한 사람이로다. 이 사망의 몸에서 누가 나를 건져내랴" 바울은 고백하였다.

자신에게 평화를 만들어 가려면 먼저 십자가의 동력이 항상 작동되어야 한다(갈 5:24)

십자가 동력 아래는 어떤 것이라도 화평으로 만들어내게 된다.

앞에서도 말했지만, 예수의 십자가가 가치로 내가 어떤 존재된 것을 계산할 필요가 있다고 본다.

에베소서 2장 13~14절 "이제는 전에 멀리 있던 너희가 그리스도 예수 안에서 그리스도의 피로 가까워졌느니라" 그는 우리의 화평이신지라 둘로 하나를 만드사 원수 된 것 곧 중간에 막힌 담을 자기 육체로 허시고 했다. 먼저 우리에게 하나님께서 화평의 작업을 이루시고 그것을 근거하여 자기 자신의 가치를 확립하므로 화평을 이루어 가는 것이다.

그다음은 자기 마음에서 이해 계산을 해가는 것이다. 화평은 타인이 먼저 줄 것이라고 기대하기보다 화평은 내가 만들어 내며 내가 계산해내야 한다.

타인 즉 주변 사람들이 화평을 배려하고 화평을 생산할 여력이 없다고 생각해야 한다. 왜냐하면 사람은 모두 넉넉하거나 화평의 여유가 없는 불합리한 인간들이다.

주변 사람들은 나를 이해해주는 여유가 있는 자들이 아니라 내가 사랑해줄 대상이요 화평의 대상으로 대할 때 내가 행복하게 되는 것이다.

나 자신이 이웃과 화평을 이뤄갈 때는 나 자신이 먼저 이웃에게 이해 계산이 되어야 한다.

먼 곳에 있는 사람이나 가까운 곳에 있는 사람에게 이해 저널을 쓰지 아니하면 화평은 이루어지지 않는다. 가까이 대하는 아내 남편 또 자신 친구에게도 나 자신에게서 이해 패턴을 쓰지 아니하면 화평의 환경 상황은 나타나지 아니하며 나 자신에게도 화평의 맛을 가지지 못할 것이다. 다시 말하지만 화평은 전적으로 내게 있으며 팩트는 나 자신의 이해 계산에 있다. 예를 들면 어떤 잘못된 상황이 생기거나 또 시간 약속이 이행되지 아니할 때 나름대로 어떤 사정이 있겠지 이해하는 것이다. 인생을 오래 살게 되고 보니 이해관이 인생 삶의 절대 필요하다는 것을 많이 알게 되었다.

누구에게나 각자 사정이 있다는 것을 이해하며 배려할 때에 화평이 나타나게 되는 것이다.

앞서 말했지만 사랑이 제물이 될 때 화평이 꽃을 피우게 되는 것이다.

기독교 핵심이 사랑이다. 사랑의 제물이 화평의 미소를 짓는 것이다.

예수님의 말씀에 화평케 하는 자는 하나님의 아들이라고 하셨다. (마 5:9)

화평에 기독교 원리에 의하여 사랑의 지불 계산으로 화평케 되는 것이다. 사람의 원수가 화평이 되는 것이요, 많은 빚이 탕감되는 화평이요, 이념 차이가 가까워지는 화평이 되는 것이다.

용서의 사랑이 없이는 화평의 꽃을 피울 수 없는 것이요 탕감의 배려가 없이는 화평의 화친을 가질 수 없는 것이다.

역시 이해 계산이 없이 화평의 열매를 얻기는 어려울 것이다.

인생 삶의 현장은 화평이 필요하다. 많은 사람이 화평을 말하고 있다.

그러나 화평이 현실에 펼쳐지지 못하고 있다. 그것은 자신의 것을 내려놓지 못하기 때문이요 이해 계산이 되지 못하기 때문이다. 또 화평을 위한 투자가 없기 때문이다.

다시 말하지만 사회 어느 곳에서나 화평이 필요하다. 그러나 화평의 꽃들은 제대로 피지 못하고 있다. 가장 화평의 근원지인 가정이 화평을 이루지 못한 가정들을 많이 보게 된다.

한 몸인 부부가 원수같이 지내며 이혼 아니면 별거로 지내는 가정이 많음을 보게 된다. 사랑으로 만난 부부가 화평을 이루지 못하고 불행하게 갈라서는 부부가 결혼가정 1/3로 세 사람 중에 한가정이 갈라서는 불행을 가진다고 한다.

비단 가정뿐이겠는가 직장 및 사회 전반에 걸쳐 화평의 분위기는 쉽지 않고 깊은 불화 갈등이 극심한 상태들이다. 심지어 사랑을 부르짖는 교회들마저도 화평의 비율보다도 불화설이 앞서는 비율들을 보게 된다.

화평보다 불화가 앞서는 것은 말세 현상을 보게 된다. 어디서나 우리 각자가 평화의 장본인이 되어야 한다. 나 자신이 평화의 등불을 들어야 한다. 우리 사회에 나 한 사람이 평화의 불을 밝힐 때 밝은 사회가 되며 행복한 사회가 될 것이다. 자기가 속한 사회를 밝혀야 하며 평화를 이루는 것은 나 자신이 먼저 내려놓으며 희생 대가를 지불하여야 한다.

화평에는 내가 먼저 내려놓을 것을 내려놓고 또 희생의 제물이 되지 아니하면 평화는 만들어지지 않는 것이다. 누구라도 자기 욕심을 앞세우거나 자존심을 내려놓지 아니하기 때문에 화해가 되지 아니하고 화평을 이루지 못한다. 원한을 가지거나 하면 화평의 큰 전체를 하여 눈물겹게 서로 큰 소통의 과정이 없으면 죽으면서까지 심지어 죽음 넘어서까지 가지고 간다. 부부 사이라도 원한을 가지고 가는 사람도 있다.

필자는 목회하면서 많은 사람의 임종을 지켜보았다. 한번은 우리 교회 집사의 부인인데 죽으면서 자기 남편에게 원한을 토로하면서 자기 남편 천국 가는데 자기는 가고 싶지 않고 천국에서라도 만나고 싶지 않다고 했다. 부부가 살면서 자식을 4명이나 낳고 살았는데도 얼마나 원한이 있고 깊은 상처가 있어 임종을 맞으면서까지 원한을 풀지 못하는가? 정말로 슬픈 일이 아닐 수 없다.

사람의 사회생활에서 아주 가까운 사람으로부터 상처를 많이 받게 되고 그것을 풀지 아니하면 내가 이해하지 아니하면 원한을 가지게 된다.

사랑하는 부모에게서라도 말에 상처를 입게 되면 그것이 트라우마(trauma)로 남아 죽을 때까지 잊지 못한다.

마음의 상처는 칼에 찔린 상처보다 더 큰 상처요 오래가는 상처이다. 이 상처를 마귀는 볼모로 잡아 오래가게 되며 죽음 넘어 가지고 가게 한다.

부부는 촌수가 없는 가까운 사이지만 살아가며 서로 원한 맺힌 상처를 주고받을 수도 있다. 그래서 가까운 부부이지만 서로 상처되는 행위나 말을 해서는 아니 된다고 생각한다.

부부가 살면서 싸우지 아니할 수 없지만 서로 말을 조심하면서 싸움도 당면한 상황만 가지고 싸워야 한다.

부부가 싸우면서 지난날의 약점을 언급하지 말아야 하며 이혼하자는 말은 해서는 안 되며 양가 부모님의 허물을 말하지 않아야 하며 서로의 결함을 말하지 말아야 한다. 그리고 평소에 부부가 내가 당신에게 상처되는 말을 했느냐 그러면서 원한을 품고 살지 말자 미안하지만 대체로 남편보다 아내 쪽이 섭섭함을 많이 가지게 된다. 그러나 남편 때문에 원한을 가지지 말아야 한다. 천국 가는 백성에게는 이것을 풀고 가는 전제이다. 화평케 해야 하나님의 아들이다라고 하셨다.(마 5:9)

마귀는 어떻게 하든지 평화를 깨고 원수 맺게 하고 원한을 가지게 한다. 우리가 왜 마귀의 농간에 꾀여 화평가운에 행복하게 살지 못하고 원한과 갈등을 가지고 살아가야 하는가.

화평은 이 세상 삶의 행복의 꽃동산이요 천국 가는 바른 길이 되는 것이다.

예수를 믿는다고 하면서 상처 관계 원한 관계를 해결하지 못하는 사람들도 더러 있는 것 같다.

어느 교회 집사님 중에 한 분이 병중에서 임종이 임박하여 담임 목사를 초청하여 임종 예배를 드려달라고 하여 급하게 가서 임종 예배를 다 그리고 나서 목사님께서 집사님 평안한 마음으로 천국 가세요. 했더니 죽음 직전에 있는 집사님 왈 목사님 나 예수 믿으니까 천국 가는 것은 사실이지만 아무개 집사와 천국에서 만나면 어떻게 해요. 이 집사가 교회 생활에 갈등을 지게 된 그 집사 천국에서 만나기 싫다는 원한 관계에 얼마나 상처가 깊고 원한이 있어 그 좋은 천국에서도 만나기 싫어할 정도인가 이 세상에서 풀고 가야지요.

화평의 반대되는 구조 원한 관계 원수는 풀고 가야지요.

이 세상에서 무익한 것이요 천국 길을 막는 장애물인 원한은 각자 삶의 현장에서 도태시키어야 할 것이다. 자신 스스로가 화평을 가지지 못하면 불화는 내 자신에게 기쁨이 없고 화평하지 못하는 것이다. 그래서 내가 먼저 상대방에게 화평을 청하는 것은 내 자신이 화평으로 행복해지기 위해서이다. 다시 말하지만 화평해야 행복한 것이다.

하나님 자녀의 형상이 화평의 인격이다. 화평의 반대되는 원한은 나에게 손해 보게 하는 것이 너무나 많다.

원한은 병중에 병이요 빛 중에 큰 빚이 되는 것이다. 예수님 말씀에 크게 교훈 되는 것은 마태복음 5장 23~26절에 그러므로 예물을 제단에 드리려다가 거기서 네 형제에게 원망들을 만한 일이 있는 것이 생각나거든 예물을 제단 앞에 두고 먼저 가서 형제와 화목하고 그 후에 와서 예물을 드리라 너를 고발하는 자와 함께 길에 있을 때에 급히 사화하라 그 고발하는 자가 너를 재판관에게 내어 주고 재판관이 옥리에게 내어 주어 옥에 가둘까 염려하라 진실로 네게 이르노니 네가 한 푼이라도 남김이 없이 다 갚기 전에는 결코 거기서 나오지 못하리라 하셨다.

예수님의 교훈의 말씀이 원한이 얼마나 큰 모순인 것을 말씀하신 것이다.

제 13 장

예수로 감사의 삶을 사는 사람이 행복하다

세상에는 세 부류의 성향을 가지고 살아가는 사람들이 있다고
말할 수 있다.

그 첫째 성향을 가지고 살아가는 사람들은 자연환경 속에 지배
를 받고 살아가는 사람들이다.

물론 사람을 가리켜 환경적인 동물이라고 한다. 누구라도 환경
의 영향을 받지 아니하는 사람은 별로 없겠지만 어떤 사람은 갈대
처럼 바람 따라 흔들리듯이 환경을 극복하지 못하고 환경에 자기
인생을 맡기고 사는 사람들이 많다.

역시 상황에 따라 움직인다. 돈 따라 움직이며 명예 따라 움직이
는 사람들은 어제는 저 파도 오늘은 이 파도 내일은 또 어떤 파도
를 타야 할지….

바람 따라 흔들리며 물결 따라 움직이는 환경적인 사람들은 어
떤 일에 정함이 없는 물결에 떠밀리는 배와 같은 인생들이 많다.

이런 사람들은 방향도 잘 알 수 없고 그 인생 삶의 목적도 분명
하지 못하다.

이런 인생에게 인생의 참된 의미의 부여를 가지지 못할 것이다.

타인에게나 자기 자신에게 인생 의미가 부여되지 아니하며 무엇이 인생에 보람 있는 것인지 어떤 것이 값있게 사는 것인지 모르는 인생이다.

둘째 성향의 사람은 하나님의 신의 은총으로 범사에 감사하면서 사는 사람들이다.(살전 5:16) 사람들이 세상을 사는 날들이 형통한 날만 있는 것이 아니고 고난의 날도 있다. 그러나 범사에 감사하면서 살아간다. 신적인 증변으로 전도서 기자 솔로몬은 형통한 날에 기뻐하고 곤고한 날에 생각하라 하였다.(전 7:14)

이 말은 기뻐할때도 감사하고 곤고한 날에도 감사하라는 말이다. 광야 같은 세상을 살아갈 때 좋은 일만 있겠는가. 괴롭고 힘든 때도 있겠지요. 그래도 감사한다면 그것은 하나님의 신의 은총이며 사람의 소양으로는 실천이 어렵다고 본다.

전도자 사도바울 같은 사람은 로마 지하 옥중생활하면서 항상 기뻐하라 범사에 감사하라 했다.(빌 4:4)

하나님의 은총 아래 있는 사람들에게는 어려우면 어려운 만큼 견딜 수 있는 은혜와 힘을 부여해주신다. 그러므로 고난을 견디며 감사를 하는 것이다.

아무튼 범사에 감사하는 사람이라면 행복한 사람이다. 감사는 행복과 불과 분 관계이다.

어떤 이유로 감사하든지 즉 신의 은총으로 감사하든지 감사하는 사람이 행복한 사람이다.

그러므로 인생을 삶의 밑천을 감사함으로 투자하여 감사라는 제물이 드려져 하나님 은혜의 향기가 풍기는 제단이 되어 아름다움 가치가 펼쳐지는 그곳에 행복의 웃음을 짓게 될 것이다.

하나님의 은혜가 있는 그곳에 감사와 행복의 꽃을 피우게 될 것이다. 삭막한 인생이 하나님의 은총이 아니면 감사의 노래를 할 수 있을까, 내 삶의 현장에 하나님의 은총의 단비가 내려 감사의 꽃을 피워 행복의 웃음 짓게 하소서.

셋째 부류의 성향은 감사를 헤아려 행복해하는 사람들이 있다. 사람이 꼭 같은 상황에서도 감사할 것을 찾아 감사하는 사람이 있는가 하면 반대로 좋지 않은 그것만 보고 불평하는 사람이 있다.

어떤 상황을 보든지 불평하는 사람에게 결코 행복이 있을 수 없다. 불평은 마귀의 동작이요 시동이다. 불평하는 곳에 감사도 없으며 행복도 없는 것이다. 반대로 감사하는 곳에 평화와 함께 희망이 있으며 행복을 꽃피우게 될 것이다.

감사를 헤아리는 사람은 불행 중에도 감사를 헤아려 감사한다.

예를 들면 암 환자가 병원 의사의 검진으로 암 환자라고 판정을 받고도 불행 중 다행으로 수술하지 않고 방사선 치료만 해도 되겠다고 했을 때 그 암 환자는 뛸 듯이 감사할 것이다.

또 어떤 암 환자는 처음 검진 때는 수명이 6개월이라고 했는데 다음 검진에서는 3년을 살 수 있다고 했을 때 그 환자는 감사한 마음이 들었을까. 흔히들 불행 중에 다행이란 말이 있다. 이 말은 불행한 상황 속에서도 감사할 일이 있다는 것이다.

인생이 살면서 불행 중에도 감사할 요건들을 찾아 감사하면서 사는 사람들이 있는데 많은 것을 다 받고 많은 축복을 누리면서 감사할 줄 모르고 늘 부족한 것만 헤아리면서 불평하는 사람들이 있다.

이민자의 이야기인데 어느 아주머니가 미국에 이민을 가서 농사도 짓고 사업도 하면서 모든 것이 잘되었다. 그런데도 불구하고 늘 감사가 인색하고 그 큰 추수감사절에도 감사가 없었다. 이것을 지켜본 목사님이 한번은 추수감사절을 앞두고 심방을 가서 아주머니 금년에는 추수감사절에 감사 좀 하시지요. 했더니 그 아주머니 하는 말이 목사님 그리 말하지 마세요, 금년에는 풍년이 들어 감자가 썩지 아니하여 돼지에게 줄 양식이 없다고 불만을 토로하였다. 이와같이 많은 것을 가지고 누리면서 감사를 모르고 사는 사람들이 많다.

우리가 누리는 혜택받은 것이 너무 많다. 이것을 헤아리지 아니할 수 없다.

우리가 잘 알고 있지만, 우리가 호흡하는 공기를 값 주고 마시지 아니한다. 그리고 사람이 물 없이는 살지 못하는데 그 많은 물을 쓰고 마시는 것이 하나님의 은혜로 계산하지 아니할 수 없다.

비단 공기와 물뿐이겠는가, 감사를 헤아리면 정말 감사할 게 많다. 누구라도 감사의 조건을 찾아 헤아리는 사람은 항상 감사하며 행복해할 것이다. 세상에서 제일 행복해할 수 있는 사람은 자기 삶의 감사로 느껴지는 사람이 행복해할 것이다. 행복의 가장 본질적인 매체는 감사의 삶이다. 다시 말하지만, 감사의 삶을 사는 사람에게 행복의 웃음을 웃게 된다.

다음은 감사의 노래하는 사람은 기적을 만나게 될 것이다. 사도 바울의 사역 중에 옥중에서 하나님께 감사 찬양을 했을 때 옥터가 움직이며 옥문이 열리게 되고 결박했던 손의 착고가 풀리는 기적이 일어나게 되었다.(행 16:25~27) 감사는 하나님께로부터 온 선물이요 하늘에 에너지가 된다.

사람이 어떤 상황에 서로 감사라는 삶의 능력이 있다면 하나님께 예속된 사람이요 기적을 창출하는 사람들이다. 그래서 성경은 고난 중에도 감사하라고 권면하고 있다. 그것은 어떤 고난에도 진정한 감사가 있으며 기적의 자리로 바뀌게 된다.

빌립보서 4장 4~7절에 보면 "주 안에서 항상 기뻐하라 내가 다시 말하노니 기뻐하라 너희 관용을 모든 사람에게 알게 하라 주께서 가까우시니라 아무것도 염려하지 말고 다만 모든 일에 기도와 간구로, 너희 구할 것을 감사함으로 하나님께 아뢰라 그리하면 모든 지각에 뛰어난 하나님의 평강이 그리스도 예수 안에서 너희 마음과 생각을 지키시리라" 했다.

감사에는 분명히 행복의 열매를 가져오게 된다. 또 한 가지 일화인데 개척교회를 하는 목사 사모님께서 하루는 몸이 불편한데도 며칠을 견디다 계속 상태가 안 좋아서 병원을 찾았더니 검진결과 암 말기 판정을 받게 되어 나름대로 계속 치료를 받았지만 별로 차도가 없었다.

이것을 지켜보시던 원장님께서 사모님, 한가지 대안을 제시하겠습니다. 말하면서 감사의 조건들을 노트에 기록하여 그것들을 헤아리면서 감사를 하라고 부탁하였다. (그 원장님은 교인이었음) 이 말을 들은 사모님은 원장의 말씀대로 감사할 조건들을 노트에 기록하기 시작하였다. 그리고는 그 내용을 헤아리면서 감사하기를 계속하였다. 그의 기록된 감사의 내용은 32가지였다고 한다. 헤아려보니 별것 아닌데 감사의 조건이 되더라는 것이었다.

그의 감사가 지속되는 중에 하루는 교인 가정에 심방을 다녀오는데 배가 고파 집에 와서 밥을 먹었는데 한 그릇을 다 비우고는 신기하여 병원에 가서 검진했더니 암이 거의 치료가 되었다는 것이다.

또 감사는 능력이 된다. 18세기 덴마크의 철학자 키에르케고르는 감사하는 마음은 최고의 덕일 뿐 아니라 모든 덕의 어머니가 된다고 했다.

감사는 하늘나라 문화요 풍습이 되며 역시 하늘나라 향수이며 웅변이라고 말할 수 있다.

감사의 세계는 기적뿐 아니라 마귀를 대적하는 능력이라고 피력할 수 있다.

그러므로 그 인생 삶에 있어서 감사의 마음을 가꾸고 또 감사의 능력을 펼쳐가며 감사하는 일에 투자하면 세상을 변화시키며 어떤 삶도 새롭게 되며 큰 프레임을 가져오게 될 것이다.

다윗 같은 사람은 인류 역사에 주목되는 사람이다. 그는 이스라엘의 제2대 왕으로 40년을 통치하며 훌륭한 왕으로 평가할 수 있는 왕이다. 그 사람에게서 특이한 것을 많이 찾을 수 있다.

그의 출신은 비천했다. 그의 출생은 평범한 사람의 8형제 중에(혹 7형제) 중에 막내로 태어났다. 어려서부터 양을 치는 목동에 불과했다. 그러나 총명하고 용감했다. 목동 출신 어린 나이에도 블레셋 장군 골리앗을 상대해서 이기게 되는 용맹한 자였다.

또 특별한 것은 아주 문학적인 지식이 풍부한 사람이었다. 그의 시가 기도요 찬양이었다.

세계적인 어떤 시도 다윗의 시에는 따라갈 수 없다고 본다.

다윗에게서 특히 할만한 것은 그의 시상은 감사를 바탕으로 하고 있다. 그의 시가(詩歌) 감사를 깔고 있으며 그의 인생 철학은 감사의 삶의 트랜드이었다.

불행스러운 가운데서도 감사 불이익이 있어도 감사. 좋아도 감사. 역시 구원 얻은 것에 감사와 또 도와주신 것에 감사하며 승리하게 된 것 감사하게 되고 미래에 대해서도 감사 현재 일에도 감사하므로 그의 삶이 감사로 일관되었다. 그래서 다윗은 감사의 사람으로 평가하게 된다. 그는 무엇보다 하나님의 은혜를 많이 느끼게 되었다.

대표적으로 시 116편 12절 "내게 주신 모든 은혜를 내가 여호와께 무엇으로 보답할꼬" 했다.

또 시편 103편 경우를 들 수가 있다. 하나님은 나의 죄를 사하시고 나의 병을 고치시며 그 은택을 잊지 말자고 설파하였다.

누구라도 그의 인생을 빛나게 하는 사람은 감사의 삶을 나타낸 사람들이라고 말할 수 있다.

역시 요셉 같은 사람도 감사의 언덕에서 노래했던 사람이다. 감사하는 사람은 하나님의 실존을 인정하고 믿는 사람이요 또 하나님이 자기 삶과 관계가 된 사람이 감사하게 된다.

그리고 감사뿐 아니라 양보하며 또 겸손하며 인내하는 사람이다. 인류의 위인 중의 한 사람인 요셉을 들 수 있다.

이 사람에게서 또 찾아볼 수 있는 좋은 것은 불행한 것도 하나님의 섭리에 맡기게 되었다. 옥중에서 원망과 불평보다 하나님의 섭리에 맡기게 되었다.

바울은 합력하여 선을 이루신다는 말을 인용하였다.(롬 8:28)

다음은 구차하게 변명하지 아니하였다.

자기가 옥에서 오랫동안 고생하며 지나게 되지만 매일 매일 현실에서 감사로 살아가게 되었다. 그리고 논리보다 인내로 참아갔다. 그 결과로 애굽의 국무총리가 되는 계기가 되었다. 다시 말하지만 어려운 현실을 하나님의 섭리에 맡기며 또 인내하며 감사로 자기 삶을 일관하였더니 결국 그의 삶의 큰 이변이 일어나게 되었다.

누구라도 어려울 때 인내하며 감사할 줄 안다면 이변의 역사는 반드시 찾아올 것이다.

역사의 인물 중에 감사의 삶으로 하나님의 종의 가치를 더 높인 한 사람을 소개할 수 있다.

다니엘을 들 수 있다. 다니엘서 6장 10절에 다니엘이 왕의 명령을 거역하여 사자 굴에 던져지는 조서에 도장까지 찍힌 상태에서 즉 죽음 앞에 서 있는 상태에서도 비굴하지 아니하고 본래 하던 대로 하루 세 번씩 기도하는 것을 내려놓지 아니하고 오히려 하나님께 감사기도를 드렸다. 그 결과 다니엘은 사자 굴에 던져져 죽은 것이 아니라 사자 입이 봉하여지므로 살아나게 되었고 그를 모함했던 신하들이 모두 사자 굴에 던져져 죽고 말았다. 그뿐만 아니라 다니엘은 도리어 왕의 신뢰를 더 크게 받게 되었다.

신약에 와서는 사도바울을 들 수가 있다.

바울은 본래 스데반을 죽인 살인자였고 또 많은 교인을 죽이기 위해 공문을 받아가는 중에 다메섹에서 주님이 나타나심으로 180도로 사람이 바뀌었다. 살기등등했던 사람이 감사하는 사람으로 바뀌게 되었다. 그가 신약성경 27권을 기록한 사람인데 그 서신에 가장 많이 쓰인 단어에는 은혜, 사랑, 감사 등이다. 바울은 감사의 철학으로 그 인생을 살았던 사람이다. 그에게는 옥에 갇혔던지 형통한 자리에 있든지 감사의 현장을 만들어 갔다.

감사에는 여러 가지 이유가 있겠지만 진정 감사할 수 있는 사람은 앞에서 말한바 하나님이 주신 은혜로 감사한다고 했으나 대체로 감사하는 사람은 그리스도의 평강이 마음에 주장이 되어야 한다고 본다.

골로새서 3장 15절 "그리스도의 평강이 너희 마음을 주장하게 하라 너희는 평강을 위하여 한 몸으로 부르심을 받았나니" 했다.

많은 것이 각자의 마음에 자리 잡고 주장하려고 하는 각종 욕심과 탐욕 시기심 음란 등이 주장하려고 한다. 그러나 무엇보다도 평강을 주장하게 되면 자연적으로 감사를 고백하게 된다.

평강이 마음에 주장을 받는 사람은 환경과는 상관없이 감사의 사람이 되는 것이다.

평강이란 말은 히브리 원문에서는 '마노아흐' 라고 하는데 '고요하고 단정되다' 란 뜻으로 마음에 평강이 있는 사람에게는 마음이 평온하다는 것이다.

역시 사역동사에서는 '누아흐' 인데 쉬다, 정착하다, 머문다는 의미인데 평강이 마음을 주장하면 마음이 안정되다. 감사하다라는 말이다.

또 헬라 원문에는 '에이레네' 평화, 하나 됨의 의미이다. 이웃과 하나 될 때 마음의 갈등이 없어지므로 감사의 모습을 나타내게 된다. 또 덧붙여 '샬롬' 이란 말을 쓰는데 그 역시 뜻은 건강, 안녕, 번영 등이다. 그러므로 마음에 평강이 머무는 자에게 안녕이 있으며 감사가 있는 것이다.

다음은 감사는 각자가 가꾸어가는 것이다.

골로새서 3장 17절에 그리스도의 말씀이 너희 속에 풍성히 거하여 모든 지혜로 피차 가르치며 권면하고 시와 찬송과 신령한 노래를 부르며 감사하는 마음으로 하나님을 찬양하고 했다. 여기 말씀대로 마음속에 말씀을 채우고 시와 찬송과 신령한 노래를 계속하면서 하나님께 찬양과 감사의 삶이 필요한 줄 안다. 그러므로 우리 마음을 길들여가야 한다.

사람에게는 세 종류의 마음이 있다고 했다.

첫째 마음은 인간의 자연적인 마음이 있다고 했다. 이런 마음은 그대로 두면 감사의 그림을 나타내지 못한다.

둘째 마음은 사단이 개입한 마음이다. 가룻 유다의 마음에 사단이 개입을 하였다. (눅 22:3).

야고보서 3장 14~16절에 시기와 다툼 거짓말 등을 말하고 있다. 이런 사람은 진정한 감사의 마음이 될 수 없다. 사람의 육의 생각과 악독은 마음은 그 자체가 사단이 개입한 것이요 살인과 미움 그리고 탐욕과 다툼의 근거지가 사단의 고향이다. 여기에서는 감사의 조그만 흔적이라도 나타내지 못한다.

셋째 마음에는 양선과 자비와 성결과 화평과 원한 등이다. 여기에는 하나님의 신이 개입하여 자연스럽게 감사의 꽃을 피우게 된다. 감사의 근거지 고향은 하나님께 두고 있다. 그런고로 각자의 마음에 성령이 주인 되게 하여 감사의 꽃 피게 하여야 한다.

다시 말하지만 감사의 근원지는 하나님의 나라이다. 그러므로 감사현장은 환경에서만 있는 것이 아니고 자기 마음을 길들이고 또 하나님의 신을 자기 마음의 주인으로 모시는 데 있다고 본다. 그래서 역시 마음가짐이 중요하다. 높은데 마음을 두며 자만심과 마음의 우월감을 가진 사람이면 감사의 기능을 가지기 어려울 것이다.

그다음은 친구나 이웃의 비교 신뢰를 가진 사람은 감사의 기능을 발휘하지 못할 것이다.

감사는 비교에서 발생하는 것은 아니다 자기에게 있는 것으로 적든지 많든지 긍정적으로 헤아릴 때에 감사하는 것이므로 비교에서는 불평만 생기게 되지 감사의 실천은 드러나지 않는 것이다.

마지막으로 누구든지 각자 자기 마음에 감사의 제단을 쌓아 은혜의 향기로 행복을 만들어가는 인격들이 되었으면 한다. 덧붙여 요약하면 감사 자체가 행복이다. 앞에서도 언급했지만, 삶의 이유는 어떠했든지 감사 된다면 그것은 은혜이며 하나님께서 내려주신 선물이 되는 것이다.

그래서 감사의 삶을 산다는 것은 곧 행복의 표현을 하게 된다. 다시 말하지만, 세상 조건 가지고 하는 감사는 오래가지 못하며 또 진정한 행복을 노래하지는 못할 것이다.

제 14 장

예수로 말미암아 소망의 인생열차를
탄 사람이 행복하다.

사람은 누구든지 자기가 원하든지 원하지 아니하든지 미래를 향하여 살아가고 있다. 그 트랜드가 세월이라고 말할 수 있다. 세월은 인생을 미래로 떠밀어가고 있다. 한 인생의 생애가 청소년이 잠깐 지나고 장년과 또 노년기를 맞게 된다. 그것도 너무나 잠깐이다. 마치 한 인생의 생애가 시편 저자가 말한 대로 주께서 나의 날을 한 뼘 길이만큼 되게 하시매 나의 일생이 주 앞에는 없는 것 같사오니 사람은 그가 든든히 서 있는 때에도 진실로 모두가 허사뿐이니이다 진실로 각 사람은 그림자 같이 다니고 헛된 일로 소란하며 재물을 쌓으나 누가 거둘는지 알지 못하나이다 주여 이제 내가 무엇을 바라리요 나의 소망은 주께 있나이다.(시 39편 5~7)

한 인생의 빠른 마지막이 다가오고 있다. 마치 바다의 썰물과 같이 다가오고 있다.

그런데 여기에 대비하여 어떤 자세를 가지느냐 이것은 각자가 대처해야 할 문제요 해결해야 할 과제이다. 피해갈 수 없는 현실이다.

과학을 가지고 해결하는 것도 아니요. 돈을 가지고도 해결되는 것도 아니다. 미래에 대하여 늙는다는 것과 죽는다는 결론이요(히

9:27)죽음넘어 가는 내세의 미래이다.

세계의 70억이 넘는 인류 각자가 미래에 대하여 생각의 개념이 다 다르며 의식과 행동도 다양하다고 본다.

대체로 크게 세 가지 정도를 들 수가 있다.

첫째 부류의 사람들은 자기 인생 미래에 대하여 전혀 의식 없이 살아가는 사람들이다.

바람 부는 대로 물결치는 대로 살다가 죽으면 그것으로 끝난다는 마음으로 살아 간다. 인생을 무의미하게 살아간다. 자기 인생 스스로 의식하고 만물의 영장이라 영혼과 육이 있는 하나님의 형상이다. 지식을 가지고 자기를 지으신 분을 의식하며 위쪽을 바라볼 필요가 있다. 그런데 동물 수준에서 살아가는 의미 없는 인생 바람직하지 못하며 고향 잃은 나그네 부모 잃은 고아같이 허무주의와 우울감에 잠겨서 살아가는 사람들이 있다.

둘째 부류의 사람은 자기 인생을 자기가 이끌어 가며 세상 것으로 인생의 미래문제가 다 해결되는 줄을 알고 있다.

명예나 돈이나 과학이나 물질이 미래가 다 해결되는 줄 알고 있다. 그러나 인생은 성경 어느 부분이든지 지적을 받게 된다.

특히 야고보서 4장 13~15절에 들으라 너희 중에 말하기를 오늘이나 내일이나 우리가 어떤 도시에 가서 거기서 일 년을 머물며 장사하여 이익을 보리라 하는 자들아 내일 일을 너희가 알지 못하는도다 너희 생명이 무엇이냐 너희는 잠깐 보이다가 없어지는 안개니라 했다.

누가복음 12장 19~21 "또 내가 내 영혼에게 이르되 영혼아 여러 해 쓸 물건을 많이 쌓아 두었으니 평안히 쉬고 먹고 마시고 즐거워하자 하리라 하되 하나님은 이르시되 어리석은 자여 오늘 밤에 네 영혼을 도로 찾으리니 그러면 네 준비한 것이 누구의 것이 되겠느냐 하셨으니 자기를 위하여 재물을 쌓아 두고 하나님께 대하여 부요하지 못한 자가 이와 같으니라"했다.

세상의 것으로 자기 미래 즉 죽음 문제, 내세 문제를 해결하지 못한다.

많은 사람이 이 덫에서 벗어나지 못하고 살아간다.

셋째 부류의 사람들은 천국행 미래 열차에 자기 인생을 태우고 가는 사람들이다.

이런 사람들이 인생의 본연이다. 어차피 인생은 나그네이다. 나그네로 사는 인생이 자기 인생을 이끌고 가겠는가 또 아무 방향 없이 가겠는가? 우리 인생에게 미리 목적지가 분명하고 아름답고 화려한 종착역이 있다.

여기는 환영하는 분들도 있고 귀하신 분들 즉 천군 천사들과 자기를 구원해주신 분과 고향의 아버지가 맞이해주게 되니 적군들을 물리치고 돌아온 용사들을 맞이하는 것보다 환대를 받게 될 것이다. 누구에게나 환대하는 본향 집에 가는 인생 열차가 있다.

요한복음 14장 6절 "예수께서 이르시되 내가 곧 길이요 진리요 생명이니 나로 말미암지 않고는 아버지께로 올 자가 없느니라"하셨다.

인생 본향 가는 신앙 열차를 타고 가는 길이 행복하리라 말하지 아니할 수 없다.

믿음의 창문으로 밖을 바라보면 하나님이 지으신 산과 바다를 바라보면 숲과 나무 아름다운 꽃들을 보면서 즐거워하게 된다. 열차는 성령님이 기관사가 되어 말씀의 선로를 타고 가면서 이런 절기 저런 절기 소개받으면서 때로는 긴 터널을 지나기도 하며 또 언덕을 올라가는 힘들고 어려움도 있으나 인내하면서 갈 때 기관사 되신 성령님이 위로의 메시지 전해주실 때 새힘을 얻기도 하며 종착역 소망이 더 두텁기도 하다.

인생은 모두 같은 환경에서 같은 일을 하지만 미래 종착역이 다를 수 있다. 그것은 역시 자기가 타고 가는 인생 열차가 다르기 때문이다. 여기에서도 어떤 인생 열차를 타야 하는지 왜 타야 하는 것조차 모르니 미래 좋은 보장을 가질 수 없는 것이다.

또 한 부류의 사람은 땅 위에 있는 것 또 자기 자신이 미래가 보장되는 좋은 종착역에 간다고 착각한 사람들도 있다. 이런 사람들에게 좋은 미래가 주어지지 않는다.

사람에게는 분명한 현실 과제가 세 가지 있다.

그 첫째가 누구나 세월을 비껴갈 수 없어 그 세월 따라 늙는다는 게 현실이다.

인생이 가만히 있어도 나이를 먹게 되고 늙는다는 것이다.

두 번째는 죽는다는 사실이다. 히브리서 9장 27절에 한 번 죽는 것은 사람에게 정해진 것이라 지적하고 있다. 나이 많아 죽기도 하고 병들어 죽기도 하며 사고를 당하여 죽기도 한다.

세 번째는 죽음 넘어 내세가 있다는 것이 분명한 사실이다. 이것이 인생에게 가장 큰 포인트이며 역점이다.

이 부분에서는 성경 여러 곳에서 분명히 언급하고 있지만 동양 철학이나 또 불교에서도 내세관을 말하지만 가장 현실적인 것은 사람은 마지막 임종때에 증거들을 많이 보이고 있다.

각자 임종을 다양하게 나타내 보인다.

어떤 사람은 죽을 때 아무런 표정 없이 짚불이 꺼지듯이 자기 마지막 운명을 끝내는 사람이 있다. 또 어떤 사람은 죽을 때 엄청난 몸부림과 두려움으로 임종을 맞는 사람도 있다.

사람이 죽을 때에 영의 세계에서 찾아오는 존재가 분명히 있다.

믿지 않는 사람들 세계에서 저승사자가 찾아온다고 확실히 말하고 있다.

이 저승사자는 두려움의 존재이므로 임종을 조금 빨리 맞이하는 임종자에게는 엄청난 고통과 몸부림을 치게 된다.

서울 모 병원 암 말기 환자 병실에 임종을 앞둔 환자 몇 명이 몸부림을 치며 고통스러워하는데 그분들은 병 때문에 고통스러워하는 것이 아니고 찾아온 죽음의 세력 즉 지옥의 세력 앞에서 공포에 떠는 것이었다.

오래전에 전주예수병원의 한 병실에 40년간 불교를 섬기던 주지 스님이 입원해있었고 옆 침대에는 18세 된 예수 믿는 소년이 입원해있었다. 치료하기 어려운 병이므로 옆에 간호하고 있는 어머니께서 눈물을 흘리며 울고 있으니까 아들이 눈물 흘리는 어머니를 끌어안으면서 어머니 울지 마세요, 저 죽으면 천국가지요, 확신 있게 말하였다. 이 광경을 본 스님은 퇴원 후에 40년 불교를 청산하고 예수를 믿게 된 실제적인 사실이 있었다.

불교는 내세에 자신이 없는데 기독교에서 예수님이 대신 십자가에서 죽으신 복음이 구원이다라는 것이다.

또 한 가지는 장경동 목사님 설교 중에 자기 친구 중에 한 목사님이 임지가 없어 어느 교회 없는 마을에서 개척을 시작했다고 한다. 처음 전도의 대상은 지붕 위에 볏대를 덮다가 떨어져 하반신을 쓰지 못하는 남자분이었다. 전도하며 온갖 수발을 다 들어주었는데 그것이 오래 지속되었다. 그런데도 목사님 수고하십니다. 고맙습니다. 제가 예수 믿겠습니다 하고 말 한마디 해주었으면 고맙겠는데도 무정하게 믿음 고백하지 못하고 세상을 떠나게 되었다. 그때 이 목사님이 영안이 열렸는데 어디서인가 무장한 군인 네 명이 나타났는데 그 군인들이 갈고리로 그 환자 몸 안에서 영혼을 끌어내더니 채찍으로 때리며 끌고 가더라는 것이었다.

이 목사님은 또 다른 한 사람을 전도의 대상으로 삼았는데 이 사람은 여성인데 초등학교 다니는 이이도 있는데 역시 병중에 있었다. 이때 목사님께서 복음을 전하였다. 그랬더니 이 여성이 하는 말이 과거 교회에 다녀본 적이 있다고 하면서 지금은 교회 나가기는 어렵지만 내가 만일 임종을 맞게 되면 목사님 꼭 오셔서 기도해달라고 부탁을 하였다.

그 후 얼마를 지나 그 여성의 아들이 목사님을 찾아와서 목사님 우리 어머니가 이상합니다. 오셔서 기도해주세요. 하여 급히 달려갔더니 임종이 임박하여 기도해주었더니 그 여인이 목사님 무릎에 자기 머리를 얹어달라 해서 얹었다. 얼마 후에 이 목사님께서 또 영안이 열렸는데 하늘에서 무장한 천사 네 분이 나타나더니 임종자를 둘러싸자 대적들도 나타나 그 영혼을 빼앗아가려고 전투를 벌이게 되었다. 그러나 천사들이 승리하며 그 영혼은 네 귀가 있는 보자기에 싸여 하늘로 올라가더라는 간증을 감명 깊게 들었다.

그런고로 인생이 마지막 문제를 어떻게 대처할 것인가. 다시 말하지만 마지막 미래를 두려움과 공포로 맞이할 것인가. 화려한 종말로 맞이할 것인가 이 두 가지는 모든 사람 앞에 놓여있다.

한편은 저주와 징벌이요 또 하나는 말로 표현할 수 없는 화려한 종말이다.

한 부류의 인생의 종말은 두려움이요 근심만 있다.

보편적으로 죽음의 두려움은 불안과 공포의 대상이다. 왜 그럴까, 그것은 죽음 자체의 사망의 세력 즉 지옥의 사자가 좌우하기 때문이다.(히 2:14)

다음은 일평생 죄짓고 마구의 종노릇 하다가 마지막 심판대에 끌려가기 때문에 죽음이 두려움의 존재이다.

그리고 그다음은 세상 것 모두 두고 가야 하며 또 정든 자들과의 이별로 인해 죽음이 곧 불안한 존재가 되는 것이다.

그러나 예수 열차를 탄 사람들은 즉 예수 믿는 사람들에게는 완전히 그 종말 즉 죽음이 다르다.

먼저 신학적 그 호칭부터 다르다. 신자의 죽음을 완전 성화 또 영화라고 불리기도 한다.

그것은 인생이 예수를 믿어도 세상에 살면서 자주 쓰러지고 또 바르게 살려고 죄와 싸우며 세상과 싸우며 경건하게 살려고 투쟁하고 살았으나 죽음으로 그 싸움은 다 끝나게 싸웠으니 성화요 영화라고 하는 것이다.(딤후 4:7, 고전 15:55)

그러면 예수 믿는 사람들 죽음이 왜 화려한가 그 이유를 성경에서 답하고자 한다.

먼저 히브리서 2장 14절 "자녀들은 혈과 육에 속하였으매 그도 또한 같은 모양으로 혈과 육을 함께 지니심은 죽음을 통하여 죽음의 세력을 잡은 자 곧 마귀를 멸하시며 또 죽기를 무서워하므로 한평생 매여 종노릇 하는 모든 자를 놓아주려 하심이니 이는 확실히 천사들을 붙들어 주려 하심이 아니요 오직 아브라함의 자손을 붙들어 주려 하심이라"했다.

예수님께서 이 세상에 오신 목적이 죽음의 세력을 잡은 마귀를 멸하러 오셔서 십자가에 죽으시고 부활하신 사건이 믿는 자에게 자유를 주신 것이다. 그러므로 예수 안에서 죽는 자에게 죽음의 세력이 접근하거나 침범할 수 없는 것이다.

시편 116편 15절 "그의 경건한 자들의 죽음은 여호와께서 보시기에 귀중한 것이로다" 하셨다.

요한계시록 14장 13절 "또 내가 들으니 하늘에서 음성이 나서 이르되 기록하라 지금 이후로 주 안에서 죽는 자들은 복이 있도다 하시매 성령이 이르시되 그러하다 그들이 수고를 그치고 쉬리니 이는 그들의 행한 일이 따름이라 하시더라" 했다.

위에 말씀이 주안에서 죽는 자들이 복이 있다고 했다.

어느 종파에서 죽음이 복되다라고 자신 있게 말한 종교는 없다. 기독교에서 죽음이 복이 있다고 한 것은 예수 안에서 죽는 인생에게 예수님이 죽음에 대한 대가를 예수님이 다 지급했기 때문이요 또 성령의 위로가 있기 때문에 죽음이 복이 있다라고 하셨다. 그리고 행한 일에 상급이 따르게 되니 복이라고 하셨다.

디모데후서 4장 8절 "이제 후로는 나를 위하여 의의 면류관이 예비되었으므로 주 곧 의로우신 재판장이 그날에 내게 주실 것이며 내게만 아니라 주의 나타나심을 사모하는 모든 자에게도니라" 했다.

성도가 죽음 이후에 상급까지 주게 되시니 성도의 죽음이 두려움이 아니고 복이라는 것이다.

성경에서 성도의 죽음을 복이라고 하는 것을 증명할 뿐 아니라 사람 세계에서 현실적으로 죽음을 복되게 맞는 성도들을 많이 보게 된다.

예수 믿다가 뜨거운 풀무 불과 끓는 기름 가마나 목을 베는 칼도 두려워하지 아니하고 구차히 변명하지 아니하며 담대히 순교하며 편안하게 죽는 사람들이 내세에 천국이 있어 죽음 앞에도 약하지 않고 죽는 것이다.

스데반 집사는 돌에 맞아 순교하는 현장에서 하늘 문이 열려 인자가 하늘 우편에 섰다고 증거하며 평온한 죽음을 맞이하게 되었다.(행 7:55~60)

역대 많은 성도들이 죽으면서 천국 가는 증거들을 많이 증명했지만 지금도 흔적과 증거를 나타내 보인다.

박효진 장로의 간증문에 어느 날 경북 어느 장례식장에 지인의 장례에 참여차 찾아갔더니 그 장례 예식장의 책임자 되신 분이 안면이 많아서 말을 걸면서 신분을 물었더니 상대방도 아는체하였다. 서로 알고 보니 대구 모 고등학교 동창이었다. 반갑게 인사를 나누고 식사를 하면서 박 장로는 당연히 전도하였다. 그때 그 장례식장 책임자 되신 친구는 예수 안믿는다 하지 아니하고 당연히 믿을 것이라고 하면서 지금은 자기가 돈도 많고 세상이 좋아서 세상에서 많이 즐기다가 나이 많아서 꼭 예수를 믿을 것이라고 했다. 그 이유는 자신이 많은 시신을 염을 했는데 예수 믿다가 세상을 떠난 시신과 불신앙의 시신의 차이가 있어 예수믿다가 죽은자는 천국을 간 증거를 보여서 자기도 당연히 예수 믿을 것이라고 말하더라는 것이었다.

필자도 평생을 살아오면서 믿는 사람과 믿지 않는 사람들의 임종을 지켜보았다. 예수 안 믿는 지인 중에는 임종하면서 저승사자가 찾아왔다고 말하면서 세상을 떠나게 되었다. 예수 안에서 세상을 떠난 모 교회 장로님께서 세상을 떠나셨는데 그 죽음이 그렇게 평화로움을 주면서 그 죽음이 부러워서 대신 죽을 마음을 느낄 정도로 은혜를 느끼게 되었다.

성도의 마지막 종착역은 즉 예수 안에 죽는 죽음은 다시 부활하는 소망이 있다. 욕된 것으로 심고 영광스러운 것으로 다시 살아나며 약한 것으로 심고 강한 것으로 다시 살아나며 육의 몸으로 심고 신령한 몸으로 다시 살아나나니 하였다.(고전 15:42~44)

영화로운 부활에 대하여 엄청나게 약속이 되었다, 무엇보다 예수님께서 죽으셨다 다시 살아나셨으며 또 자신이 죽은 자를 살리셨다.(요 11:24~25) 또한 화려한 축복은 그 영혼을 하나님 나라 유업을 받게 된다. 로마서 8장 17절 "자녀이면 또한 상속자 곧 하나님의 상속자요 그리스도와 함께한 상속자니 우리가 그와 함께 영광을 받기 위하여 고난도 함께 받아야 할 것이니라" 했다.

디도서 3장 7절 "우리로 그의 은혜를 힘입어 의롭다 하심을 얻어 영생의 소망을 따라 상속자가 되게 하려 하심이라" 했다.

그리고 이 땅 위에서 옳은 일을 행한 자들은 상급을 얻게 되는 화려한 천국인 것이다.(딤후 4:8, 계 14:13)

- 제 2 부 -

제1장

기독교 바른 신앙을 알고 바른 믿음을 가지자

　세상 사람들이 기독교 바른 신앙을 알고 믿는다는 논리를 말하는 것이 아니고 기독교 신앙인으로 교회를 출석하는 사람들을 가리켜 신앙관이 어떠한가 검토하고 바른 신앙을 가져야 한다.

　물론 기독교 신앙을 예수님은 나무의 열매를 보아 아신다고 했지만(마 7:17~19) 더 자세하게 검토하고 신앙관을 살펴보아야 한다고 생각한다.

　단순히 신앙의 연수가 짧아서 술 담배하는 정도로 신앙이 판가름하는 정도가 아니라 오랫동안 신앙생활 한 사람들과 교회 안에 중직까지 즉 목사 장로 권사 선교사까지 배제하는 것이 아니다.

　직분의 마크를 가지고 바른 신앙에 올인했고 모태 교인이라고 해서 바른 신앙에 서 있다고 말할 수 없고 또 구원의 보장을 받았다고 생각하면 큰 착각이다.

　예수님께서 마태복음 7:21~23절에 뭐라 하셨는가 엄중히 생각할 필요가 있다. 선지자 노릇과 능력을 행한 자를 내가 너희를 도무지 알지 못하니 불법을 행하는 자들아 내게서 떠나가라 하셨다 (마 7:23) 예수님께서 이러한 말씀을 하셨을 때는 분명한 이유가 있다고 생각한다.

이것이 예수님의 책임이 있는 것이 아니라 교인들의 신앙관에 문제가 있다고 본다.

그러하다면 교인들의 신앙관을 살펴볼 필요가 있다고 본다. 우리 신앙에서 예수님께서 이미 말씀하셨고 그의 기독교 현장에서 잘못된 신앙이 많다고 본다. 우리 기독교 신앙을 가지는데 배경적 개념이나 컨셉을 가지고 나름대로 신앙의 토대를 잡는 경향이 있는 것을 부인할 수 없는 것이다.

먼저 우리나라 기독교 신앙이 대체로 불교사상의 배경이 신앙화 되어 샤머니즘적 경향을 나타내는 것들을 부인할 수 없다.

역시 유교 문화로도 영향을 미친것도 사실이다. 또 철학의 영향도 표면화되어 가고 능력 없는 신학의 영향이 아닌가 생각이 된다.

우리 한국의 부정적인 기독교관을 먼저 언급하고자 한다. 기독교 신앙은 말씀의 체제 외 성령의 능력이 이바지되어 즉 지적인 요소(진리 말씀) 정적인 요소(감정적 요소)

다음은 의지적인 요소(찬동의 요소)이다.

위에 3대 요소가 신앙화 되어야 하는데 지금은 많이 변질된 상태이다. 지금 신앙의 현주소를 짚으면 먼저 율법주의 사고와 신앙 등이다. 앞에서 말했지만 유교 문화의 영향으로 교훈적이고 책망적이며 심판의 개념이다. 율법주의 신앙이 되면 자기의 노력으로 구원이 좌우되는 경향이 있다. 그리고 잘못했으면 하나님께서 크게 벌을 주실 것이다 하고 생각하니 이런 율법주의에는 자유가 없는 것이다.

복음은 율법을 타파하는 것이다. 바울은 갈라디아 교인들에게 율법의 멍에를 벗을 것을 당부했다.(갈 3:3, 성령으로 시작하여 육

체로 마치겠느냐)

참 기독교 신앙은 율법의 신앙의 멍에를 벗고 복음적 자유를 가져야 한다. 다음은 경건주의 신앙관 앞서 말한 율법주의와 그의 동질감이다. 이 경건주의가 복음주의가 배제된 경건주의 철학의 윤리성의 패턴이 아닌가. 기독교 윤리는 맞는 것 같은데 복음적 능력이 약화하지 아니했는가 되돌아볼 필요가 있다고 본다.

혹 자기 구원관의 자신이 없지 않는가(복음이 자기 윤리 주의에 갇혀있지는 않은지)

그다음은 미신적인 신앙관이다. 미신적인 신앙관은 여러 단체에서나 또 여러 방도에서 나타내 보인다. 미신은 성령론과 비슷하게 나타내는 경우가 있다.

미신은 성령론과 비슷한 것 같은데 질이 다르다. 다시 말하면 기독교 형식을 미신적으로 이방신의 종교 행위를 행하기도 한다.

시골 어느 교회에서 교회를 나온 지 얼마 되지 아니하여 잘 모르니까 강대상 위에 돈 만 원을 올려놓고 두 손을 합장하여 절하기도 했다. 물론 몰라서 그리했다고 보지만 교회 오래 다녔어도 신앙의 개념이 이방 신을 섬기는 사람과 비슷하다. 어떻게 보는 것을 중시하며 어떤 사물을 신앙화 하는 경향이 있다고 본다.

천주교회는 마리아 동상을 숭배하여 천사들의 숭배관 또 사도들의 그림과 십자가 물체에 기도하는 것. 또 조상들의 혼련성(연옥설) 등이다.

우리 개신교회 교인들에게도 이러한 것을 추구하며 사상에 젖어 있다는 것을 부인할 수 없다. 내 마음에 내가 이렇게 하면 어떻게 이렇게 될 것이다. 마음에 어떤 제도를 만들어 놓고 신앙화를 만들려고 한다. 어떤 면에 이것이 우상화되는 것이다. 이러한 것이 성경에 없는 컨셉이면 우상이 되는 것이다. 이는 초신자만 행하는 것이 아니라 오래 교회를 다닌 사람도 미신행위를 하며 권사 중에도 무당에게 점 보러 가기도 한다. 참으로 불행한 일이다. 이런 사람들은 주의 뜻에 합당하다고 하며 천국의 유업을 받은 자들이라고 말하겠는가.

또 기독교 신앙관이 문화나 예술이 신앙의 바탕이 될 수 있겠는가 노래 잘하는 사람이 그 노래가 감동이 있어 많은 사람이 눈물을 흘리기도 한다. 교인이 설교를 듣거나 찬송을 하면서 눈물은 없는데 노래를 하거나 소설을 쓰거나 읽으면서 감동이 되어 눈물을 흘리기도 한다. 그렇다 하여 그 문학이 신앙의 바탕이 될 수 없는 것이다. 문학이 사람의 마음을 자극하여 눈물 나게 해도 다시 말하지만, 기독교 신앙의 근거는 될 수 없다.

필자가 문인으로 장편소설을 한 권 쓰게 되었다. 이 소설에서 많은 사람의 눈물을 짓게 했다. 목사가 그 소설을 썼다고 해서 기독교 신앙의 근거는 될 수 없다고 본다. 필자는 그 소설을 쓴 것을 후회하며 다시는 소설을 쓰고 싶지 않다. 이유는 기독교 목사로서 가상이 아니라 현실적인 바탕에서 소설을 썼는데 우리나라 유명한 비평가 8명 중에 황금천 시인도 포함되었는데 글은 잘 썼는데 너무 현실성이 많이 앞서있다고 평가를 내렸다. 소설은 거의 가상적이어야 하는데 목사가 어떻게 가상적인 것에 소재를 비중있게 컨셉을 잡고 쓸 것인가. 신앙인으로 기독교 신앙관에 회의를 많이 가지게 되었다.

필자는 한때 문학의 그 세계 문이 열리면서 시인이 되고 수필가가 되며 소설가가 되었다. 이것은 어디까지나 문학세계이지 기독교 신앙의 바탕은 아니었다.

또 돈이나 환경 따라가는 신앙이 있다. 돈이 있고 환경이 좋으면 신앙생활이 활기가 있고 또 자신감이 생기게 된다. 그러나 돈이 없거나 환경이 어려워지면 모든 면에 자신감 역시 신앙생활을 이어가기조차 어려워하는 경우가 있게 된다. 그러나 어떤 경우에는 그 어려움의 환경이 하나님께로 다가서며 올바른 신앙을 가지는 분들도 있다. 다시 말하지만, 돈이나 명예나 기독교 신앙의 참된 방탕은 아니다. 즉 구원의 보장이 되고 영혼을 평안하게 해주는 신앙의 토대는 아닌 것을 알고 있다.

누가 말하기를 개인이 고독하고 환경이 어려울 때 성령님은 찾아온다.

역시 그다음은 신비주의가 옳은 신앙의 근거를 잡을 수 없다고 본다. 물론 기독교는 신비의 종교인 것은 사실이다. 그러나 신비주의가 기독교 신앙의 바탕이 될 수 없다. 물론 기독교인들이 신앙의 바탕이 될 수 없다. 물론 기독교인들이 신앙생활 하면서 나름대로 신비한 체험을 할 수 있다고 본다. 혹 환상을 본다든지 신비한 꿈을 꾸든지 또 음성을 들을 수도 있겠지만 그것은 어디까지나 개인의 체험이지 일반적인 신앙화는 될 수 없는 것이다. 그 사람의 신앙을 성숙시켜가는데 개인적인 체험이 필요할 수 있는 것이다. 그러나 어디까지나 성경이 기독교 신앙의 근거가 되는 것이다. 개인이 신앙생활을 해가는데 계속 신비주의가 전제되고 계속 일관될 수 없다고 본다.

어느새 세월이 가면서 성령이 그 성도의 내면에 내재하면서 성숙한 성도의 자리에 서게 한다.(롬 5:5) 또 신앙인들에게 신(神)의 접근성이 따르게 마련이다. 주의 말씀에 신이면 같은 신이냐고 하셨다. 세상에는 미혹하는 신이 있다.(마 24:24) 미혹하는 신이 성령의 영이라고 하지 않는다. 미혹하는 영은 거짓 선지자의 영이요 (마 7:15~17) 이단의 영이다. 하늘에서 별이 떨어지게 하며 기적 (마 24:4~5)들을 행하게 한다.

말세 미혹하는 객관적인 사실과 진리를 혼미하게 하여 진리를 알면서 미혹되어 끌려간다는 것이다. 많은 이단이 아무것도 아닌 것에 미혹을 받아 끌려가는 것이다. 옛날 전도관과 여호와증인 몰몬교 신천지 등을 들 수 있다. 이단 종교 미혹하는 영이 강력히 미혹하는 것이다. 성령님은 인격적인 영으로 성도에게 인치시고 보증으로 우리 마음에 성령을 주신 것이라 했다.(고후 1:22)

그 외 중생케 하고 하늘에 소망을 가지게 한다.(딛 3:5, 롬 5:5)

미혹하는 영과 성령님은 번지수와 역할이 다른 것이다.

앞에 부정적인 신앙을 많이 말한 것 같은데 나름대로 성도들이 각자 긍정적 믿음과 신앙생활에 좋은 팩트로 행복하고 긍정적 패턴으로 믿음 생활을 하는 분들도 있을 것이다.

현재 자기의 긍정적인 믿음 생활을 하면서 행복해하는 분들도 많이 있는 것이다.

그러면 필자가 앞에서는 부정적인 신앙관도 많이 언급했지만, 다음은 진정성 있는 신앙관은 무엇인가 나름대로 제시하고 싶다.

먼저는 디도서 3장 5절에 우리를 구원하시되 우리가 행한 바 의로운 행위로 말미암지 아니하고 오직 그의 긍휼하심을 따라 중생의 씻음과 성령의 새롭게 하심으로 하셨나니 하셨다.

디도서 3장 5절에서 구원 조건을 분명히 하고 있다

첫째, 우리 행위로 하지 않는다고 했다.

둘째는 오직 그의 긍휼함을 따라 구원 조건됨.(엡 2:4)

셋째, 중생의 씻음과 성령의 새롭게 하심으로 한 것이 구원의 조건이다.

그다음은 고린도후서 1장 22절에 그가 또한 우리에게 인치시고 보증으로 우리 마음에 성령을 주셨느니라 했다. 한마디로 말하면 성령이 우리 마음에 작용하시고 인을 쳤다는 것이다.

로마서 8장 16절 "성령이 친히 우리의 영과 더불어 우리가 하나님의 자녀인 것을 증언하시나니" 했다.

요일 1서 3장 9절 "하나님께로부터 난 자마다 죄를 짓지 아니하나니 이는 하나님의 씨가 그의 속에 거함이요" 했다.

고린도후서 5장 21절 "하나님이 죄를 알지 못하신 이를 우리로 하여금 그 안에서 하나님의 의가 되게 하려 하심이라" 했다.

구원 얻는 믿음의 조건 요한복음 1장 12절 "영접하는 자 곧 그 이름을 믿는 자들에게는 하나님의 자녀가 되는 권세를 주셨으니" 했다.

로마서 10장 10절 "사람이 마음으로 믿어 의에 이르고 입으로 시인하여 구원에 이르느니라" 했다.

위에서 언급한 구원 얻는 신앙조건을 요약하면

성령의 중생의 씻음과(딛 3:5)

성령의 인치심과(고후 1:22)

생령의 성령의 법과 씨가 마음에 있기 때문에(롬 8:2, 요일 3:9)

죄를 알지 못하는 주님이 대신 죽어주셨기 때문이다.(고후 5:21), 사 53:5)

예수의 피가 죄인의 죄를 사하고 씻어 주셨기 때문이다.(요일 1:7)

영접했다는 것이 구원 조건이 마음으로 믿어 의에 이르고 입으로 시인하여 구원에 이른다고 했다.(롬 10:10, 요 1:12)

위에서 언급한 것이 구원관의 전체를 말한 것은 아니지만 대충은 구원적 믿음에 근거가 되는 것이다.

위에서 말한 성경 구절에 근거한 신앙이면 참믿음 구원관의 증거를 보일 것이다.

그것은 먼저 생명의 영이 동하면서 예수를 계속 고백하며 생명의 주로 시인하게 된다.(고전 12:3)

다음은 죄나 불법이 오랫동안 마음에 머물거나 작용하지 못한다. 성령이 근심하고 탄식하기 때문이다.(엡 4:30, 롬 8:26~)

십자가 앞으로 나아가게 한다.(시 51:4, 요일 3:9)

천국의 구원을 체결하게 된다.(롬 5:24), 그러면서 그리스도인의 생활이 변하고 인격이 변하게 된다.(엡 4:22)

교인의 변화와 아름다움으로 생활이 달라지는 것은 구원의 조건이 아니요 구원 얻은 자의 생활의 열매이다. 사람의 속에 성령의 생명이 있고 예수그리스도가 계시면 구원관의 조건이다.

여러 가지 불합리한 세상에 살면서 신앙의 공격과 도전을 많이 받아 참 신앙의 요동을 많이 받게 되는 것이다.

세상 유행의 인본주의 물결과 또 세상 문화와 향락주의와 육신적인 죄악성이 발동하고 미혹하는 신의 발동이 믿는 사람이라도 혼미하게 하고 도전을 받게 하는 것이다.

고후 4장 3~4에 만일 우리의 복음이 가리었으면 망하는 자들에게 가리어진 것이라

그중에 이 세상의 신이 믿지 아니하는 자들의 마음을 혼미하게 하여 그리스도의 영광의 복음의 광채가 비치지 못하게 함이니 그리스도는 하나님의 형상이니라 했다.

인간은 신들의 전투 세상에서 살아간다고 보아야 한다. 그중에

세상 사람의 관심보다 하나님의 사람 즉 택정받은 사람들을 중간에 두고 싸움을 치열하게 하는 줄 안다.

에베소서 6장 12절 "우리의 씨름은 혈과 육을 상대하는 것이 아니요. 통치자들과 권세들과 이 어둠의 세상 주관자들과 하늘에 있는 악의 영들을 상대함이라" 하셨다.

성도들이 악한 영들의 전면에 서서 싸우는 것이 아니요. 사실은 예수님과 성령의 영이 대신하여 싸워주신다는 것이다. 다시 말하면 공중에 권세 잡은 악령들이 땅으로 내어 쫓김을 당하여 하나님의 택한 백성들이라도 미혹하게 하여 망하게 하며 신앙생활을 제대로 못 하게 한다.(계 12:13, 고후 4:4, 엡 2:2)

마귀는 불신이라는 무기와 여러 가지 죄악성의 무기와 또 회개하지 못하게 하는 무기로 사용하여 택함받은 사람이라도 믿음의 회의를 가지게 한다.(마 24:24, 고후 4:4) 반대로 하나님의 신은, 즉 성령은 하나님의 택한 자들을 붙들고 계신다.(마 28:20) 회개케 하신다.(고후 7:10) 하나님을 바라보게 하시며.(5:5) 환란 당할 때에도 권면해주신다.(계3:10) 기도하게 해주신다.(8:26~27) 성령님은 승리하게 해주신다.(엡 6:11~18) 인생은 누구든지 어느 신에 예속되든지 예속되어 살아간다.

물론 사람은 하나님의 형상대로 지음을 받은 것은 사실이다.

그러나 인간이 범죄하므로 공중에 권세 잡은 자의 그늘에 거하는 것이 사실이다.(엡 2:2) 그러나 하나님의 선택이 있고 성령에 이끌려서 사람은 성령의 중생과(요 3:5), 인치심과(고후 1:22), 성령 충만함과(엡 5:18) 예수님의 대속의 은혜와(롬 4:25), 결국 성령이 하나님의 백성을 이끌어 여러 가지 삶의 승리와 구원을 받게 한다. 결국은 성령님이 이끄시고 구원에 이르게 하신다. 그러므로 성령님과 더불어 살며 또 성령이 이끄시는 대로 역시 성령께서 회개케 하는 일에 순종하며(고후 7:10, 롬 8:26~27) 성령을 근심되게 하지 않는 삶이 행복과 승리와 구원에 이르게 한다.

에베소서 4장 30절 "하나님의 성령을 근심하게 하지 말라 그 안에서 너희가 구원의 날까지 인치심을 받았느니라" 했다.

다시 말하지만 죄인이 천국 가는 구원역사는 예수 그리스도의 대속과 에베소서 4장 30절 말씀대로 성령님의 역사이시다. 성령님이 새 생명을 태동케 해주셨고 예수를 구원의 주로 받아들이게 했으며(요 1:12), 예수 그리스도의 속죄의 적용케 하신 것이다.(엡 5:14, 요일 1:7)

그러나 세상 신은 인간을 멸망케 하는 것이다. 죄 중에 태어난 인생을 세상 신이 인생을 사망의 꽃을 피우게 된다.(엡 2:2, 롬 6:23). 죄 있는 인생을 세상 신이 이끌어 종노릇 하게 하다가 결국 멸망의 길로 이끌어 가게 한다.(요 10:8~10)

다시 말하면 하나님을 바라보는 눈가림 속에서 아무것도 모르는 사이에(고후 4:3~4) 멸망의 길로 몰려가고 있다.(마 7:13).

이 길로 달려가는 인생들에게 수고하고 무거운 짐 진 자들이 다 내게로 오라(마 11:28) 외치고 계시는데 구원의 주를 바라보는 자들은 얼마나 되는가, 그래서 예수를 믿는다는 것이 얼마나 큰 복인가.

첫째 예수 믿으면 구원을 얻게 된다. 하나님이 세상을 이처럼 사랑하사 독생자를 주셨으니 이는 그를 믿는 자마다 멸망하지 않고 영생을 얻게 된다고 하셨다.(요 3:16)

둘째 예수 믿으면 귀신 즉 세상 신의 종이 되지 않는다. 물론 때로는 하나님의 백성이라도 시험에 넘어지며 죄악으로 연약하여 넘어져 마귀의 종이 되는 때도 있다. 그러나 그때 죄를 철저히 회개하며 성령님의 도움을 구하여 회복되어야 한다.

교인이라도 위에 와 같이 슬럼프에 빠지면 큰 고통이 되는 것이다. 그러나 무엇보다 회복이 중요하며 성령님께 붙잡히는 것이 필요하고 성령님께 이끌리는 삶이 되어야 한다.

사람이 악신에게 붙잡히고 이끌리면 그 인생은 불행스럽고 망하는 것이다. 귀신에게 붙들려도 죄인에게 표면적으로 나타내 보이지 않지만 어떤 사람은 귀신에게 붙들려 표면적으로 나타내는 사람들도 있다.

성경에 이스라엘의 초대왕 사울 같은 사람은 악신에게 붙들려 삶을 살았다. 그렇게 되므로 자신에게 기쁨이 없었다. 악귀가 발작할 때에 불안하고 괴팍스러운 모습을 보였다.

다음은 극심한 시기심이 발동하여 살인의 행위를 가졌으며 결국 자신이 자살하고 말았다.

지금은 세상 신에게 사로잡혀 불행하게 사는 사람들이 많다. 교회를 다니는 사람 중에 우울증과 고통을 겪는 분들도 많이 있다. 이럴 때는 하나님의 말씀을 붙들고 성령님의 도움을 구하며 간절한 기도가 필요하다. 베드로 전서 5장 8~9절 "근신하라 깨어라 너희 대적 마귀가 우는 사자 같이 두루 다니며 삼킬 자를 찾나니 너희는 믿음을 굳건하게 하여 그를 대적하라"고 했다.

야고보서 4:7절에도 마귀를 대적하라고 하셨다.

셋째 예수믿으면 성령의 평안함과 축복 된 삶을 살아간다.

물론 예수믿는 사람들이 세상 것을 먼저 얻기 위하여 신앙의 노력과 기도를 많이 하는 것이 아니고 인간이 근본적으로 예수믿는 것은 인간의 의무요 하나님께 영광을 돌리기 위하심이다.(고전 10:31) 구원 얻기 위해서 예수믿는 것이다.(요 3:16)

그다음은 마귀를 대적하여 이기기 위해서이다.(약 4:7, 벧전 5:8~9)

행복과 복을 받기 위해서이다.(요 15:8~11, 빌 4:6~7)

조금 더 언급하고자 하는 부분은 귀신의 실존을 많이 언급했다고 본다. 보수진영에서는 마귀론(귀신론)을 잘 언급하지 않는다. 그러나 성령 운동은 은사 운동하는 쪽에서 귀신론을 대체로 많이 언급하는 편이다.

그러나 성경 전반에 마귀의 돌출이나 등용되는 편을 많이 보게 된 구약시대나 신약시대나 심지어 예수님에게까지 시험하였다.(마 4:1~)

어느 청년에게 귀신이 들어 고통을 주는 장면을(막 5:1~20)보게 된다. 예수님도 마귀의 존재와 역할을 인정하셨다.

신약성경에서도 마귀의 미혹들을 많이 보게 된다.(마 24:24) 마귀는 슬그머니 몰래 사람을 미혹하고 때로는 공격하기도 한다.(벧전 4:8, 5:8) 그러므로 하나님의 백성들이 신앙생활을 하는 중에 먼저 그의 나라와 의를 구하고 마귀를 대적하는 기도를 해야 한다.(벧전 5:9) 마귀는 성도들이라도 넘어지게 하려고 호시탐탐 노리고 있다.

마귀는 어느 때 성도들에게도 휘몰아쳐 어려움에 빠지게 한다.

때로 하나님이 시험했다고 오해하기도 한다. 그러나 야고보서 1장 13절을 볼 필요가 있다.

어떤 면에 세상 일반인들보다 성도가 더 어려움을 겪는 경우가 있다.

이것을 하나님이 고난을 주었다고 생각하며 인내만을 강요한다.

어떤 면으로든지 마귀는 성도를 시험하고(환경이나 자기 육의

사람을 시험한다)

때로는 마귀가 달려들어 고통을 주기도 한다.

그래서 대적해야 한다. 그렇다 하여 필자가 마귀를 전체적이고 비중 있는 존재로 보는 것은 아니다. 베리안 단체처럼 마귀의 비중의 존재만 일관하는 것은 아니다.

아무튼 우리 신앙생활에 마귀는 비중 있게 시험하고 대적한다.

마귀 대적함이 신앙생활에 일면이 되는 것이다.

예수님도 이 세상에 계실 때 마귀의 일을 멸하러 오셨다고 하셨다.(요일 3:8)

히브리서 2장 14절 "자녀들은 혈과 육에 속하였으매 그도 또한 같은 모양으로 혈과 육을 함께 지니심은 죽음을 통하여 죽음의 세력을 잡은자 곧 마귀를 멸하시며" 했다.

마귀는 사망의 권세이다.

에베소서 2장 2절에 "그 때에 너희는 그 가운데서 행하여 이 세상 풍조를 따르고 공중의 권세 잡은 자를 따랐으니 곧 지금 불순종의 아들들 가운데서 역사하는 영이라" 했다.

마귀는 이 세상 어느 곳에서든지 분야별로 하나님의 백성들에게 시험하고 공격하고 있다.

그런고로 예수님께서 분부하심과 같이 정신을 차리고 깨어서 기도해야 한다(마 24:42~44)

제2장

은사론의 바른 이해

　초대 고린도 교회가 은사 때문에 혼란스러웠고 말이 많았다. 지금 한국교회에 대해서도 은사에 대하여 말이 많다. 교인 중에 은사를 반대하는 사람들이 있고 반대로 많이 지지하는 교인들도 있다. 대체로 성령론을 부르짖고 앞세우는 교인들은 은사를 많이 앞세우게 된다. 역시 말씀에 치중하는 교인들은 은사를 선호하거나 앞세우지 아니한다. 중요한 것은 같은 기독교인이면서 특별히 한 교회를 출석하는 교인이면서 화합과 질서가 필요하다고 본다. 그래서 바울은 고린도 교회의 혼란스러운 사태를 바로잡는데 가장 중심되는 메시지는 고전 14장 33절을 내세웠다. 여기 하나님은 무질서의 하나님이 아니시오. 오직 화평의 하나님이시라 모든 성도가 교회에서 하나같이 해야 한다.

　같은 교회 안에서 은사를 선호하는 사람이 있으면 그 사람들끼리 모이고 은사를 싫어하는 사람들은 그 사람들끼리 같이 모이게 된다. 새벽예배를 끝내고 개인 기도할 때는 완전히 갈리게 된다. 성령론자들 즉 은사파들은 소리 내 크게 기도를 한다. 반대로 말씀 중심의 사람들은 조용히 기도하면서 결국 오랫동안 기도하지 못하게 되면서 기도를 꼭 저렇게 해야 하나 하고 기도를 일찍이 끝낸다. 고린도교회가 이러한 분위기가 아닌가 생각이 되기도 한다.

필자는 전도사 시절 거제도 모 교회에 부임해갔더니 교회 미장도 되지 아니했고 마루도 깔지 아니했으며 강대상도 없을 정도로 열악했다. 그러나 이런 것보다 문제는 많지 않은 교인끼리 완전히 양분되어 있었다. 일부는 장로교(합동 측)로 출발하여 소속된 교인 6가정 정도였고, 일부는 용문산 계열(거제도 박 권사 바람) 약 5가정 정도였다. 이분들은 완전 은사파로 예언과 방언과 입신 등으로 완전 양 계열이 달라서 필자가 4년간은 어려움을 겪게 되었다.

교역자는 은사 파와 노선을 같이 아니했으니 계속 공격을 받는 상태에 있었다. 지금은 그 교회가 진리 노선을 잘 걸어가고 있다. 아무튼, 은사론에 대하여 결론을 먼저 말한다면 은사에 대하여 부정적으로 대하지 말고 또 은사자들은 지나친 은사론만 내세우고 주장하지 말아야 된다고 본다.

또 한 가지는 아무리 큰 은사라 할지라도 말씀을 능가하지는 말아야 한다. 역시 은사가 산을 옮길 정도의 비중 있다 해도 신앙의 메인은 될 수 없다는 것을 알아야 한다.(은사든지 기적은 다 지나가고 변하게 된다)

기독교 은사 하면 방언을 먼저 말하게 될 것이다. 고린도교회가 은사로 혼란스러웠던 것도 방언 은사였다. 그렇다 하여 방언 은사를 비판하는 것은 바람직하지 않는다고 본다. 왜냐 성경에 기록되어있기 때문이다.(고전 14:4~6)

다음은 하나님과 사귐의 유익이 되기 때문이다.(고전 14:2)

또 자기 개인에게도 유익이 됨을 말하고 있다.(고전 14:4)

혹 방언을 하는 사람을 보고 비방하거나 정죄하지 말아야 한다.

그것은 하나님의 세계가 넓기 때문이다.

혹 잘못하다가 성령을 훼방하는 오류를 범하는 죄를 지을까 조심해야 한다.(마 12:31) 반대로 방언의 은사를 행하는 자들의 조심할 점은 방언 은사가 구원의 조건으로 삼지 말아야 한다.

한때 서울에 비중 있는 교회 목사님께서 방언을 구원 얻은 조건에 부합하여 말하므로 교계 무리가 되기도 했다. 그것은 방언이 성령 받은 증거로 보았기 때문에 성령 받은 자가 천국 가기 때문에 그러한 신학론을 펼 수 있다고 본다. 그러나 한쪽 일면은 보지 못하고 계산하지 못했다고 사료가 된다. 다시 말하면 방언 은사 못 받았다고 성령을 못 받았다고 증거를 성경에서 찾아보기 어렵다.

구원 조건은 성령에 기인된 것은 사실이다. 방언도 성령에 의하여 나타난 은사이다. 그러나 방언은사에 구원 조건이 매여있는 것은 아니다. 구원의 본질은 성령님의 은혜와(요 3:3~5, 딛 3:5) 예수님의 대신 돌아가심에서(고후 5:21) 구원의 보장이 됨이지 은사가 구원의 요건은 아니다. 어떤 은사든지 성령을 바탕으로 하여 즉 성령에 기인하여 각종 은사를 나타낸 것으로 인정하고 있다.

예를 들면 환상이든지 예언이든지 또 신유든지 방언이든지 믿음의 은사든지 그리고 지혜 은사든지 기타 많은 은사가 성령을 바탕해서 즉 성령의 은혜로 말미암아 은사를 나타내는 줄 알고 있다.

그래서 다시 말하지만 은사의 한가지가 구원의 조건이 될 수 없다고 본다.

성령의 본질이 구원의 동기 부여가 되지만 어떤 은사든지 지엽적인 은사가 구원 조건은 아니다.

교인이 성령을 받아 성령에 관계된 삶을 사는데 은사를 다 받고 은사를 다 행하고 산다고 보기는 어렵다고 생각한다.

성령은 받은 체험이 있는데 은사를 이행하지 못하는 은사가 여러 가지인 것을 알게 된다.

예를 들면 지혜 은사든지 사랑의 은사든지 예언의 은사라든지 또 방언이나 통역의 은사를 행하지 못하는 분들이 허다하다고 생각한다.

A라는 성도가 성령의 큰 체험을 했는데 은사를 다 이행하는 것이 아니며 역시 B라는 성도도 성령체험을 크게 했는데 은사 이행을 하는 것이 적지 않다고 본다.

그런고로 어떤 은사든지 구원관과 결부시킬 수는 없는 것이다.

앞에서 말했지만 구원의 본질과 기능은 성령님께 있고 예수그리스도의 대속에 있는 것이다.(벧전2:24)

또 한 가지 성령체험을 크게 했는데 혹 방언 은사가 체험되지 아니할 수 있는데 신유은사는 체험한 교인도 있고 또 지식의 은사나 지혜의 은사나 믿음의 은사를 받은 성도가 있을수 있다고 본다.

그래서 방언 못 받았다고 하여 성령 못 받고 또 구원을 못 받았으며 능력도 받지 못하였다고 단언할 수 없는 것이다.

우리나라 김OO 목사 하면 누구라도 잘 아는 목사님이시다 이 목사님은 모태 교인이며 어머니 권사님도 방언을 유창하게 잘하시는데 자기는 방언을 전혀 할 줄 몰라 서울 이름있는 교회인데 방언을 가르쳐준다고 하여 방언을 배우기 위하여 줄을 서서 기도를 받는데 랄 랄 랄을 빨리 빨리하게 하여 배우는데 이것마저 잘 안되더라는 것을 고백하였다.

자신이 참으로 성령도 받지 못했는가 자신에 대하여 항상 호의를 가지고 있는 중에 어느 지역에 개척교회를 하는 중에 어느 날 밤, 마을 가까이 어느 집에서 무당을 불러 굿을 하는데 무당이 애를 많이 쓰는데 신굿이 내리지 아니하니까 이 무당이 건너편에 서 있는 목사님을 바라보면서 저기 서 계신 선생님 미안하지만, 이 자리를 떠나 주시면 안 되겠느냐고 해서 자리를 비켜드렸다는 것이었다.

또 한번은 미국 댈러스 지역에 집회하러 갔는데 첫날 집회를 마쳤는데 자매님 한 분이 기다려 섰다가 이 강사 목사님께 애절하고 간곡한 부탁을 하기를 자기 딸이 귀신병이 들어 옷을 벗고 거리를 활보하고 다니게 되니 목사님 제발 기도 한 번 해달라고 부탁을 하였다.

그때 목사님은 극구 사양을 하였다. 나는 그러한 은사가 없을 뿐만 아니라 능력 없다고 외면하였는데 매번 간곡하게 부탁해서 계속 거절할 수 없어 하루는 집회를 마치고 집을 찾아갔더니 귀신이 먼저 알아차리고 조금 전 집을 떠나고 없었다. 할 수 없이 그곳 교회에서 집회를 마치고 다른 곳을 가기 전에 시간이 있어 만나게 하여 안수기도를 하였더니 그의 딸이 계속 울더니 그길로 잠이 들어 오랫동안 잠을 자더니 귀신이 떠나게 되었다.

제가 말하고자 하는 것은 이 목사님은 방언 은사는 행하지 못하였으나 이미 성령과 능력을 받은 분이요 다른 은사는 이미 많이 받고 있다고 본다.

이러한 경우가 이 목사님뿐이겠는가 방언 은사는 없어도 성령의 체험이 있고 능력을 행하며 다른 은사를 행하는 분들도 많이 있다. 그리고 비록 외국 방언은 못 해도 국내방언(우리말 방언)을 하는 분들도 있다.

그러므로 방언을 하시는 분들은 방언 은사가 전부인 것같이 너무 내세우지 말고 또 방언 못 하시는 분들은 위축될 필요는 없다.

어떤 은사든지 은사 전에 성령을 충만히 받는 것이 더 중요하다.

모든 은사에 대하여 고린도전서 12장과 14장에서 잘 말씀하고 있다.

교인들은 은사에 대하여 인정하며 바르게 이해하며 생활화해야 한다. 어떤 성도들은 성경에 있는 은사를 다 행하는 분들도 있고 또 어떤 분들은 은사의 일부만 이행하는 사람들이 있다.

필자는 각종 은사는 성령에 의해서 행하여지는 것으로 인정하고 싶다. 이를테면 지혜의 은사도 있어 하나님 진리를 깨닫게 하는 지혜의 은사가 성령으로 말미암아 주어지는 것을 알고 있다.(고전 2:10)

다음은 믿음의 은사인데 성령으로 말미암아 예수 믿고 진리를 믿게 되며 예수님의 십자가 사건이나 또 부활의 생명 예수를 믿게 되는 것이다. 그다음은 성령으로 말미암아 권능의 은사를 받기도 한다. 그리하여 마귀와 사단을 대적하며 영적인 전쟁에서 이기게 된다. 역시 다음은 신유의 은사도 성령으로 말미암아 나타나게 된다. 이 은사도 필요하고 얼마나 귀한가.

그 외 방언 통역이나 환상이나 기타 많이 들 수가 있다. 어떤 은사든지 교회의 유익이 되어야 하고 역시 타인에게도 유익이 되며 자신에게도 유익이 되면서 그 은사 관리를 잘하여야 한다. 한교회 교인들 중에 은사 면이 조금 부족하더라도 은사 행하는 자들을 쉽게 비난하고 비판하지 말고 위하여 기도해주어야 한다.

반대로 각종 은사를 많이 받았다 하여 떠벌리며 자랑하거나 은사 없는 분들을 향해 무시하거나 그리고 당을 짓거나 하면 큰 잘못이다. 항상 다시 말하지만 은사자들이 그 은사가 성경 말씀의 기준에 맞는지 점검해야 한다.

모든 은사는 성령으로 말미암았는가, 성령에 의한 은사는 덕이 전제가 되어야 하며 또 겸손과 화평을 일삼는 일을 해야 한다. 그리고 어떤 은사든지 성령으로 말미암아 마음이 평안하며 기쁨의 본질이 되어야 한다. 그것은 하나님의 영은 기쁨의 영이기 때문이다.

은사를 행하면서 교만하면 과연 성령의 영인가. 바른 은사인가 본인이 검증해야 한다.

다른 말로 교회 안에 은사들로 서로 상처가 되고 당을 짓는다면 바른 은사라 할 수 없다.

위에서 언급했지만 고린도 교회가 많은 혼란 중에 은사 문제가 비중 있게 말이 많았다. 어느 교회든지 은사 문제로 말이 생기면 다른 부분들도 분쟁이나 말썽이 생기게 된다.

고린도 교회는 교인의 분류문제 즉 육의 사람과 육신의 사람과 (고전 3:1~3) 신령의 사람(고전 2:14) 등이며 음행 문제이며(고전 5장 1~) 우상 문제와(고전 6장~) 사랑의 결핍문제(고전 13:1~13) 무질서 문제(고전 14:33) 혼란스러웠다.

이러한 일들은 바람직한 교회 상은 아니다. 한국교회가 고린도 교회 모양을 많이 닮았다고 보게 된다.

한국교회는 신학의 빈약성과 은사의 우월성이 앞서 있기때문에 교회가 분파가 생기며 혼란스러운 경향이 있다고 본다.

제3장

기독교 안에 질문된 상황들의 답변

(1) 신자유주의 신학이 무엇인가?

한마디로 정의하면 사람의 이성 즉 지식이 그 지식에 맞게 성경을 해석하고 평가하는 것이다. 하나님의 살아계시는 존재관이나 성령님의 역사의 인격이나 신본주의 성경을 사람의 이성에 제한하여 해석한다.

예를 들어 말하면 예수님이 성령으로 잉태된 것을 부인한다. 또 예수님께서 부활하신 것을 부인한다든지 또 오병이어라든지 그 외 성경의 많은 기적을 과학에 맞지 아니하고 지식에 맞지 않는다고 하여 비판하고 부인하는 것이 자유주의 신신학이다. 다시 말하지만 하나님의 신본주의를 인본주의로 평가한다는 것이다.

21세기가 되면서 세계 신학이 그 외 좌경화(자유주의)되어 세계 교회들이 병들어 있다.

기독교 신앙은 성령의 역사로 신본주의 기능이 있을 때 교회는 생동감이 있으며 살아나게 될 것이다.

교회나 하나님의 세계는 하나님의 신으로 주관되고 해석이 되어야 한다. 성경이나 하나님의 나라는 인본주의 지식 잣대로 댈 수 없는 것이다. 성경을 연구하고 신론을 내세우는 자는 자신이 많이 기도하면서 하나님의 신에 예속이 되어야 한다.

한국에도 외국 유학을 다녀온 많은 학자들 중에 신신학으로 좌경화된 자들이 많다고 본다. 감리교 신학교 변OO 교수 한신대학교 김O준 교수 등 대표적으로 들 수 있다. 그 외에도 많은 교수가 외국에서 유학하고 신신학 학문의 영향을 받고 왔다. 신신학자들의 성경해석은 인본주의의 그럴듯 하게 해석한다.

류형기 교수 저서에 오병이어의 해석은 예수님께서 기도하셔서 보리 떡 다섯 개와 물고기 두 마리로 오천여명을 먹고 남은 조각이 열두바구니에 차게 되었다고 성경에 기록이 되었다. (요6:1~12)

그런데 류 교수의 책에는 오병이어의 해석은 예수님의 기적이 아니고 보리 떡 다섯 개와 물고기 두 마리를 참석했던 소년이 내어 놓으므로 다른 사람들이 감동되어 너도나도 떡과 고기를 내어놓으므로 청중이 먹고 열두바구니가 남게 되었다고 해석을 했다.

이 해석은 본문 문맥상도 맞지 아니하며 또 이치상도 맞지 아니하였다. 모두 음식을 내어 같이 먹었다 하여도 오천명이 먹고 열두바구니나 남을 수 없다고 본다. 이것은 하나님 역사의 기적으로 평가해석 할 수밖에 없다.

성경은 그의 기적의 사건책이다. 다른데 기적의 사건은 오병이어보다 더 큰 기적을 더 많이 볼 수 있다. 예를 들면 홍해 바다가 육지로 갈라진 사건뿐 아니라 예수님이 바다 위로 걸어가신 사건 또 죽은 나사로를 살리신 사건 등 그 외에도 많은 기적을 언급하고 있다고 하였다.

(2)WCC의 신학 개념에 대하여

WCC는 자유주의 신신학과 쌍두마차로 볼 수 있다. 아무튼 성경적 입장이나 보수신학에서는 용납될 수 없고 같이 이해하고 공유할 수 없는 사상들이다.

필자가 신학 공부할 시점에서 신신학이나 WCC 투쟁의 대상이었고 결국 교단들이 나눠지기도 했다.(기독교장로회, 통합교단 등) 신신학은 대충 언급이 되었지만 WCC에 대하여 다 말할 수 없고(사이트나 전문서적 참고) 대충 개요만 언급하고자 한다. 연합한다는 미명아래 종교 다원주의로 사회봉사에 힘을 모아야 한다는 어느 정도까지는 이해할는지 모르지만, 종교 혼합주의는 될 수 없는 것이다.

혼합주의에서는 예수 그리스도의 구속론은 배제해버리고 연합의 종교로 구원을 얻는다는 것이다.

이를테면 불교나 유교나 이슬람이나 천주교나 원불교나 그 외 많은 종교가 포함되어 종교 행위로 구원을 얻는다고 설파하고 있다. 기독교만 구원이 있다고 독선 할 것이 아니라 예를 들면 부산에서 서울 가는 것은 열차로만 가는 것이 아니라 비행기로도 갈 수 있고 또 버스로 갈 수 있으며 자가용으로 갈 수 있다는 육신의 상식으로 평가한다.

영혼 구원은 세상 문화나 상식으로 해석하는 것이 아니고 영적인 세계의 구원 길이 조건이 되어있다.(요 14:6, 히 4:12)

WCC는 종교라는 미명아래 다양한 종교 행위이다. 심지어 무당들의 굿판까지 벌이기도 한다. 신학자 중에도 미신적인 행위를 나타내었는데 이화여대 신학과 모 교수라는 분은 억울하게 세상을 떠난 영영 들을 달랜다 하여(위로) 대표적인 사람 우리아 장군의 혼과 아합에게 포도밭 빼앗기고 억울하게 죽은 나봇의 억울한 죽

음과 그 외 등등 인물들의 영영들을 위로한다고 하여 소지 종이에
불을 붙여 주문을 외우면서 날리기도 했다.

이러한 신학자가 참된 기독교 신앙을 가진 사람인가.

WCC의 다양한 형식 아래 많은 것을 함축하고 있다. 공산주의
사상 혁명 신학 한쪽에는 성경책과 한쪽에는 총과 칼을 가지고 혁
명 투사의 신념을 가진 사상 등을 내포하고 있다.

우리나라에서도 몇 년 전에 부산 해운대 포스코에서 행사를 하
였다. 그때 통합교단의 총회장을 지낸 김모 목사가 대의원으로 진
행위원장이 되기도 했다. 더 많이 언급할 수 있지만 참 신앙인이라
면 WCC를 지향할 수 없는 것으로 사료가 된다.

(3) 세대주의 신학에 대한 이해

세대주의 신학은 세대별로 하나님의 역사를 평가한다. 우리나라
기독교 교파 중에서도 세대주의를 제청하는 교파들도 허다하다.
세대 주의라는 것은 족장 시대(아브라함과 이삭 야곱 요셉 등으로
구분한다.) 다음은 율법 시대를 구분한다.(율법 시대는 모세 때를
말한다.) 다음은 교회 시대 즉 신약시대를 구분한다. 그다음은 말
세 전 천년 시대 후천 년 시대를 구분하기도 한다.

다시 말하지만 하나님의 은혜를 시대별로 구분하여 신앙을 적용
하기도 한다. 이를테면 족장 시대는 제사와 제물을 하나님께 드리
고 양식을 지켜서 구원을 얻는다고 설파하고 있다. 율법 시대는 율
법을 지켜서 구원을 얻는다고 교리를 앞세우기도 한다. 신약시대
에 와서는 예수를 믿어서 구원을 얻는다고 역시 세대별로 신학을
앞세우고 있다. 어떤 면을 보면 장로교 보수신학의 측변에서 보면
신학의 모순이 많고 교류할 수 없는 위배적인 것이 많다고 보겠지

190

만 이단적 정죄나 배척하는 것은 아니라 강단도 교류하고 또 보수로 교류하고 있다.

보수적인 측면에서 세대주의 신학론을 지적하는 것은 양심을 지켜서 구원 얻고 또 제사나 율법을 지켜서 구원 얻는다고 하는 학설은 예장 보수 쪽에서 세대별에 즉 양심이나 율법에서 구원이 주어진다는 것보다 복음에서 십자가 기준으로 세대별 초월해서 구원이 성립되는 것은 족장 시대나 율법 시대는 오실 예수 즉 십자가 바라보면서 복음을 믿어 구원 얻는다는 것이 바른 믿음이다.

족장 시대 제사 때에 그 제사나 제물이 죄인을 위하여 십자가에서 죽으실 속죄 주 예수 그리스도의 그림자이다.

속죄의 복음을 염두에 두면서 제사에 참여했다고 생각하게 된다. 또 율법 시대에 율법 지켜서 구원보다 그 율법 속에 속죄와 구원이 함축되어있다.

마치 밤송이는 사나운 가시가 있지만 그 가시 밤송이 안에 고소한 알이 있듯이 율법안에서 또 율법의 목적은 구원의 길을 제시하고 있다. 그래서 율법 자체가 구원을 주는 것이 아니라 율법은 구원의 방향을 제시하고 있다. 그러므로 인간이 율법을 행하여 구원을 받는 것이 아니라 복음 즉 주님을 믿어서 구원을 얻는 것이다.

(4) 알미니안과 예정론

알미니안과 예정론 신학은 크게 차별화되고 있다.

기독교 범주 안에서는 차별화가 없어 보이며 강단 교류도 하고 있다. 그러나 신학적인 잣대를 대면 큰 차이가 나타나고 있다. 신학교에서 공부하던 시절은 신학 논쟁을 하며 대립각을 세우기도 했다.

알미니안 신앙의 행위를 전면에 내세우며 강조를 많이 하는 신학 사상이다.

반대로 예정론은 타이틀 그대로 예정을 앞세우는 것이다. 그래서 신학자들로 신학 사상에서 대립하면서 논쟁을 펼친다.

예정론에서 예정신학만 내세우면 논리가 맞는다고 본다.

반대로 알미니안쪽에서 행위 신학을 주장하는 것도 바르다고 본다. 그러므로 한쪽만 옳은 답변이 없다고 본다.

장로교 교단에서는 예정론이 절대 신학 교리이다. 이것은 성경을 배제하고 사람들이 교리를 만든 것은 아니다. 성경에서 예정을 많이 말씀하고 있다.

예를 들면 로마서 8장 30절 "또 미리 정하신 그들을 부르시고 부르신 그들을 또한 의롭다 하시고 의롭다 하신 그들을 또한 영화롭게 하셨느니라".

에베소서 1장 4절에 창세전에 그리스도 안에서 우리를 택하사 아무튼 에베소서에서 장로교회교리를 바탕으로 하고 있다고 봐도 과언이 아니라고 볼 수 있다.

그 외에도 택정론을 많이 나타내 보인다.

인류사 주변에서도 죽어가면서도 예수 부인하고 믿지 않는 사람이 있고 어떤 사람은 저 사람이 예수 믿을 사람이 아니라 했는데 예수 믿고 구원얻는 사람도 있다.

알미니안 쪽에서 예정론에 대하여 많이 공격한다. 그것은 예정론 같으면 전도할 필요가 없지 않은가, 또 힘써 신앙 생활할 필요가 있느냐 반박한다.

요즘 말세가 되면서 신앙 행위론의 타당성 지지가 우위가 되는 경향이 있다.

장로교의 예정론의 견인론을 앞세우면서 선택받은 사람은 망하지 않는다 하여 죄에 대하여 두려움이나 회개가 없는 생활을 하고 있기 때문에 예정론이 공격을 받지 않는가 생각한다.

필자는 예정론이나 알미니안이나 다 성경을 근거하여 합리적인 주장인데 양쪽 신학이 장점이 있다고 생각한다. 그리고 하나님의 시야는 넓어 한쪽측면만 보시는 분은 아니시다.

성경에 행위적인 면에서 많이 언급하신다. 디모데전서 2장 4절 "하나님은 모든 사람이 구원을 받으며 진리를 아는데 이르기를 원하시느니라". 야고보서 2장 17절 "이같이 행함이 없는 믿음은 그 자체가 죽은 것이라" 했다.

각자 신앙 현실에서 하나님 자녀의 선택과 그 따르는 믿음의 행위가 따라야 한다. 다시 말하지만 행위론의 알미니안주의 예정론이든지 선택론에 근거하여 더 굳건한 믿음 생활이 되었으면 한다.

알미니안은 장로교 교파외는 거의 알미니안 신학을 따른다고 생각할 수 있다. 그러나 알미니안 쪽에서도 성경의 시각에서나 현장적인 신앙에서 때로는 예정론을 내세우는 경우가 생기기도 하며 반대로 장로교단에 속한 교인 중에도 알미니안주의 행위가 인정되면 믿음으로 나아가는 경우가 있기도 하다.

다시 말하면 하나님의 선택론 사상도 중요하고 믿음의 행위도 중요하다고 인정하기도 한다. 뒤에 가서 다시 믿음과 행위론을 언급하고자 한다.

(5) 2분설과 3분설의 론고
2분설은 영혼과 육체를 말하고 3분설은 영과 혼과 육체를 말한다.

보수신학에서는 2분설을 강조하며 가르친다. 그러나 3분설을 크게 적대감이나 이단적으로 보지는 않는다 어떤 면에서는 3분설이 사람의 구조와 성경에서 이분설도 말하지만(전 12:7) 3분설도 언급하고 있다.

히 4장 12절 혼과 영과 관절과 했다. 데살로니가 전서 5장 23절에 영과 혼과 몸이 우리 주 예수 그리스도께서 강림하실 때에 흠없게 보전되기를 원하노라 했다.

2분설 논리는 개인의 종말에 죽어서 육체는 흙으로 가고 영혼은 천국을 가든지 지옥을 가든지 하는 것으로 말한다.

그러나 3분설은 영과 혼과 육체에서 혼이 2분설에서 보다 한 가지 설이 더 내세워져서 혼의 존재를 나타내고 있다.

그러면 혼의 존재는 무엇이며 그의 역할이 무엇인가. '혼'은 정확한 답변으로 말할 수 없고 정신세계의 일종을 말하고 있고 또 사람의 그 인격의 존재감을 말하고 있다.

2분설을 주장하는 신학은 사람이 죽으면 육체는 흙으로 그의 영혼은 내세(천국이나 지옥)로 가므로 사후에 깔끔하게 끝나며 예수님 재림 때 영화로운 부활만 바라보는 것이다.

그러나 3분설은 개인의 종말을 맞아 죽으면 육체는 흙으로 돌아가고 그 혼은 땅에 남아 있어 그 사람이 죽은 후에도 그림자 흔적이 남아 있다는 설이다.

그래서 때로는 마귀에게 도용되어 제사 받아먹는 조상으로 이용이 되기도 한다. 때로는 무당에게 이용이 되기도 한다. 후손이나 연인의 그리움 관계로 변신을 갖추기도 한다. 여기서 잘못된 오해가 나온다. 사람이 죽으면 귀신이 된다는 것이다. 그래서 한때 침례교회 원로목사 김00동 목사는 공영 방송에 나와서 서울 시내 사람들의 죽은 자로 귀신이 60만 명이 넘는다고 했다. 이것은 잘못된 해석이다. 사람이 죽어서 귀신이 되는 것이 아니고 귀신은 천사가 타락해서 귀신이 되어 따로 존재하는 귀신 되므로 사람이 죽어 귀신이 되는 것은 절대로 아니다. 다음에 귀신론을 따로 언급하고자 한다.

다시 말하지만 귀신은 사람이 죽어서 귀신 되는 것 아니고 타락한 천사가 귀신이 되어 사람의 흔적을 인용하여 과장으로 내가 누구이다 하고 등장하기도 한다. 마귀의 본색은 거짓말하고 과장하고 미혹하며 인용하고 멸망시키는 것이 본색이다.(요 8:44)

필자가 목회하면서 직접 경험한 일인데 어떤 자매님이 딸 다섯과 초등학교 5학년 막내아들을 둔 어머니인데 결혼한 자녀는 큰딸뿐이었다. 이 자매는 위암이 걸려 고생하다가 세상을 떠나고 말았다. 세상을 떠난 지 약 6개월쯤 되어 17세 되는 넷째딸이 미장원에서 미용기술을 배우면서 죽은 어머니가 너무 보고 싶어 매번 기도하면서 하나님 천사를 통해서라도 어머니 얼굴 한 번만이라도 보여주십시오 했는데 이 딸에게 귀신이 정하여 죽은 엄마 목소리를 하면서 아버지를 욕하고 하자 언니들이 심방요청을 해서 필자가 심방을 갔더니 그 딸은 엄마 음성을 내면서 막내아들을 끌어안고 울기도 하고 딸들 하나하나 이름 부르면서 울기도 하니 딸들이 마귀야 나가라 기도하다가 소리 내 엄마 하면서 울기도 했다.

나는 딸들에게 울지 말 것을 당부하고 계속 사단에게 나갈 것을 축사하며 따졌다. 사탄아 너는 절대로 이 아이들의 엄마가 아니다. 이 아이들의 엄마는 예수믿고 천국 갔다. 왜 거짓말하느냐 너는 마귀야 이 아이에게서 나와라 하였더니 그 마귀는 딸들의 엄마는 아니라 하면서 7촌 고모라고 변명하였다. 딸들에게 그 사실을 물었더니 그것은 바르다고 했다. 그것도 너는 마귀이지 그 고모는 아니다 하면서 너는 저 딸들의 고모도 아니고 마귀야 떠나가라 공격했더니 마지막으로 그의 딸의 어머니는 예수믿고 천국 갔다고 하면서 그 딸아이에게서 마귀는 떠나게 되었다.

마귀는 끊임없이 죽은 사람들의 흔적을 인용하고 과장하면서 사람들을 속이고 혼란스럽게 하며 망하게 하기도 한다.

(6) 삼위일체론의 바른 이해

기독교 신앙에서 삼위일체론을 중요시하고 있다. 어느 교파나 교단이나 개인이 삼위일체론을 부인하면 이단으로 단정 받게 된다. 성경의 표시나 구성이나 사상이 삼위일체론을 인정하고 내세우는 것과 믿음화하는 것이 삼위일체론을 부인하는 것이 더 어렵고 증명하기 쉽지 않다.

삼위일체론의 당위성 외 그 포인트의 첫째가 고린도후서 13장 3절에 명확하게 표시한다. 주 예수그리스도의 은혜와 하나님의 사랑과 성령의 교통하심이 너희 무리와 함께 있을지어다. 보수 아니라 진보성향이 있는 목사들도 축도할 때는 삼위일체를 언급한다.

목사가 삼위일체론의 축도는 하면서 삼위론을 부인한다면 이것은 모순이 아니라 할 수 없다.

삼위일체론을 위에서 언급했지만 삼위일체론 신학적인 이론이 아니라도 이미 성경에서 표시되는 구절과 구조가 삼위일체론을 잘 나타내고 있다.

마태복음 28장 19절 "너희는 가서 모든 민족을 제자로 삼아 아버지와 아들과 성령의 이름으로 세례를 베풀고"했다. 구조나 문맥상으로 삼위일체의 하나님을 잘 나타내고 있다.

먼저 성부 하나님 요한복음 6장 37~40절 예수님은 하나님을 내 아버지란 말 2회 이상 언급하셨고 요 3:16절 하나님이 독생자를 보내셨고 요한복음 1장 1~2절 예수님이 하나님과 함께 계셨고 요한복음 15장 8~9절에 예수님은 너희가 열매를 맺으면 내 아버지께서 영광을 받으시고 아버지께서 나를 사랑하신 것 같이 너희도 사랑한다고 하셨다.

성경의 아버지 성부의 많은 기록과 그리고 사상과 많은 역할의 장면을 나타내고 있다.

말라기 2장 10절에 우리는 한 아버지를 가지지 아니하였느냐 한 하나님께서 지으신 바가 아니냐.

창세기 1장 26절 "하나님이 이르시되 우리의 형상을 따라 우리의 모양대로 우리가 사람을 만들고" 또 아버지께 출생의 개념과 베푸시고 허락하신 장면.

로마서 8장 32절 "아들을 주신 아버지께서 아들과 함께 모든 좋은 것을 주시지 않겠냐" 하셨다.

독생자를 주시기까지 하신 아버지시다.(요 3:16) 사전에 계획하신 하나님 아버지시다. 에베소서 1장 4~5절 예정하시고 택하여 예수 안에서 예정 입어 하나님의 아들 되게 하며 기타 많은 것을 계획하시고 시행하신 것이다. 뿐만아니라 영광을 받으시기도 하신 다.(고전 10:31)

하나님은 만물을 창조하시되 예수님과 함께(요 1:1~3) 창조하시고 하나님의 하신 역할을 성경에서 많이 보게 된다. 그리고 성자 예수님은 하나님의 보내심을 받아 대속자가 되신 것이다.(요 3:17, 6:39) 갈라디아 1:4절에 "그리스도께서 하나님 곧 우리 아버지의 뜻을 따라 이 악한 세대에서 우리를 건지시려고 우리 죄를 대속하

기 위하여 자기 몸을 주셨으니" 하셨다. 로마서 4장 25절 "예수
는 우리가 범죄한 것 때문에 내줌이 되고 또한 우리를 의롭다 하시
기 위하여 살아나셨느니라" 하셨다.

성경에 뚜렷하게 성자 예수의 구속사적 역할을 하신 것이다. 예
수님은 하나님의 보내심의 순종을 하셨다.

예수님은 우리를 죄에서 구원하시기 위하여 자신을 주심은 모든
불법에서 우리를 속량하시고 우리를 깨끗하게 하사라고 했다. 성
경 핵심의 거의 전부가 예수님의 십자가 죽으심의 이유를 말하며
우리의 속죄에 대하여 말하고 있다.(딛 2:14, 히 9:14)

다음은 삼위중에 보혜사 성령을 말하고 있다.

보혜사란 말은 헬라 원문에 파라클레토스, 뜻은 위로하다, 도우
신다, 옆에서 말한다는 뜻으로 하나님의 백성들과 세상 끝까지 함
께하시는 분이시다.

요한복음 14장 16절 "내가 아버지께 구하겠으니 그가 또 다른
보혜사를 너희에게 주사 영원토록 너희와 함께 있게 하리니" 했다.

보혜사 성령이 하나님의 자녀들과 함께하면서

① 모르는 것을 알게 하신다.

요한복음 14장 26절 "보혜사 곧 아버지께서 내 이름으로 보내
실 성령 그가 너희에게 이 모든 것을 가르치고 내가 너희에게 말한
모든 것을 생각나게 하리라" 했다

② 보혜사 성령님은 보호해주신다.(요 14:16)

③ 보혜사 성령은 평안을 주신다.(요 14:27)

④ 예수를 믿게 하신다. 고전 12장 3절 "성령으로 하지 아니하
고는 예수를 주시라 할 수 없느니라" 하셨다.

근래에 와서 기본신학이 해이해지면서 삼위일체론이 흔들리고

있다. 혹 카톨릭에서 내세운 교리라 하여 삼위론을 도외시하는 경향이 있다.

물론 카톨릭의 사상을 옹호할 이유가 없고 이단으로 단정할 것이 많은 것은 사실이다.

루터 같은 분 종교개혁시 카톨릭에 비성경적인 것이 100가지도 넘는 것을 증거물로 제시하였다. 카톨릭에서 삼위일체론을 잘 보았던 잘못 보았던 우리가 카톨릭 교리에 좌우될 것이 아니라 성경에서 삼위일체론을 근거할 수 있느냐 이것이 중요한 것이다.

위에서 필자가 기록했지만 카톨릭과 상관없이 성경에서 분명히 삼위론을 들어내고 있다.

카톨릭이 삼위론에 관여 되었다 하여 성경을 외면할 수는 없다. 삼위의 신학은 사도들의 신학이다. 그 증명이 고후 13장 13절이다. 삼위일체론 어떤 설명이라도 부인할 수 없는 사실이다. 추가로 말하고 싶은 것은 삼위일체의 본질을 지나치게 하여 해석하려고 하는 태도는 오만의 행위이다. 성경이 가는데까지만 가고 보수신학에서 선배들이 제정해놓은 것을 예수를 부인하는 일이 아니면 가감할 수 없다.

(7) 사도신경의 바른 이해

보수신앙의 절대적 원칙이나 또 전통성 중심으로 예배순서에 자리매김하는 사도신경이 근간에 와서 예배순서에서 배제할 뿐 아니라 적대시하며 비판을 말할 정도이다.

이해할 수 없는 사건들이다. 사도신경은 성경을 요약한 오점으로 알고 신앙 고백론으로 제청을 하고 있다. 그래서 예배순서에 기인을 시킨 것으로 알고 있다.

사도신경을 요약하면 십자가의 요점이 요약되기도 한다. 그런데 왜 사도신경을 변경하여 새 사도신경이 나오며 심지어 비판하고 공격을 하는지 이해가 되지 않는다.

사도신경을 인용하지 않는 자들이나 비판을 하는 자들은 비판의 내용이 별로 설득력이 없고 명분이 약하다.

이를테면 첫째 카톨릭의 작품과 산물이라 하면서 카톨릭이 니케야 회의때 제정된 것이며 사도신경에 태양신의 사상과 연관돼있는 논리로 전개하며 또 카톨릭은 이단 종교이기 때문에 그들의 산물이 사도신경을 신앙 고백할 수 없다는 것이다.

둘째는 성경 전체에서 사도신경의 문장들이 펼쳐진 부분을 찾아볼 수 없다는 것이다.

(주님 가르치신 기도와 같이 마 6:9~13)

셋째 문맥이나 표현들이 잘못되었다는 것.

예를 들면 하나님께서 천지를 만들었다는 것이 잘못이라는 것.

다음은 예수님의 고난이 빌라도에게 고난인가 로마 군인에게도 고난을 받았다는 것이다.

반박하고 싶다.

1번 물론 카톨릭이 이단이다 아니다 옹호하고 싶지는 않다.

물론 이단성이 있는 것도 분명하다. 그러나 천주교에서도 눈여겨볼 것도 있다.

예를 들면 삼위일체론과 성자 예수의 구세주로서 고난을 인지하는 점은 눈여겨볼 부분이다.(구원 관에 대하여는 언급하고 싶지는 않다.)

사도신경이 카톨릭의 영향이 얼마나 있는지는 다 모르지만 사도신경을 카톨릭이라고 하는시각에서 보거나 비판되는 선입견으로 볼 것이 아니라 성경의 원칙의 시각에서 분석되어야 한다.

혹 문구를 수정할 수는 있겠지.

예를 들면 만드셨다는 표현 보다 지으셨다. 또 빌라도의 고난만 아니라 로마군인의 고난도 포함할 수 있겠지...

사도신경에서 카톨릭을 부각할 것이 아니라 성경의 팩트가 맞느냐는 것이다.

사도신경에서 천지를 지으신 그 하나님을 아버지로 믿는 것.(성경이 증명)

성령으로 잉태된 주 예수를 구주로 믿는다는 것을 고백하며 부활도 인정하고 승천도 인정하며 재림도 인정하는 것이다. 이것이 모두 성경의 내용이요 기독교의 중요한 팩트이다.

2번에서 사도신경이 성경의 한 장면도 문장에 없지 않으냐 말하지만, 사도신경에서 하나님이 천지창조를 말하고 있다.(창 1장 1~28, 시 33:6, 시 102:25) 예수님이 성령에 잉태됨을(마 1:18) 예수님의 십자가 고난을(마 1:21, 벧전 2:24, 사 53:5)부활하심(롬 4:25) 승천하심(행 1:9) 재림하심(벧후 3:10) 사도신경이 카톨릭에서 나온 것이 아니고 성경에서 나왔다.

성경 원리에서 팩트로 나타나고 있어 신학적인 차원에서 삼위일체를 확립하듯이 사도신경도 성경 팩트에서 나왔다. 앞에서 언급했듯이 다 나타내 보인다.

3번은 사도신경은 성경에서 내용이 출제된 내용이다. 이단들이나 사람의 시각을 가지고 성경을 보게 되면 비판하며 대적하게 될 것이다.

결론적으로 사도신경이 예배순서에서 개인에 따라 배제할 수는 있겠지만 카톨릭 선입견으로 비판할 것이 아니다. 성경 입장에서 보면 개인이나 교회에서 행동해야 할 것이다.

분명히 알아야 할 것은 사도신경을 부인하거나 비판하면 이단으로 낙인이 찍힐 것이다.

필자는 안타까워서 다시 언급하는데 왜 카톨릭을 끌어들여 사도신경과 결합하여 사도신경을 적대시하는가, 사도신경이 성경에서 이질감이 있는가, 잘못된 것이 있는가를 찾아야 한다.

끝으로 어느 교인의 체험한 것을 기록하고 싶다.

이분이 오랫동안 믿음의 힘을 얻지 못하고 있었는데 어느 기도의 장소에서 사도신경의 글보다 사건 장면이 필름처럼 한 장 한 장 펼쳐지면서 신앙을 다짐시키더라는 것이었다. 그 이후에 믿음을 확실하게 정립하였다고 하였다.